KB074535

심리학자의 산술적이고도 평등한
연애의 기술

심리학자의 산술적이고도 평등한 **연애의 기술**

초판 1쇄 인쇄 | 2023년 1월 20일
초판 1쇄 발행 | 2023년 2월 1일

지은이 송선미
발행인 이승용
북디자인 DEEDEE | **홍보영업** 백광석
기획 페이퍼페퍼 아트스튜디오PaPerPePPer ArtStudio

브랜드 치읓
이메일 paperpepper.official@gmail.com / midas_bear@naver.com

발행처 (주)책인사
출판신고 2017년 10월 31일(제 000312호)
값 15,000원 | **ISBN** 979-11-90067-64-5(03180)

＊ 치읓은 (주)책인사의 출판 브랜드입니다.
＊ 이 책은 저작권법에 따라 보호받는 저작물이므로 무단 전재와 무단 복제를 금지하며,
  이 책의 전부 또는 일부를 이용하려면 반드시 (주)책인사의 서면 동의를 받아야 합니다.

[치읓] 출판사 인스타그램 바로가기

심 리 학 자 의   산 술 적 이 고 도   평 등 한

연애의 기술

송선미 지음

The Art of Love

"나는 왜 항상 '을의 연애'를 하는 걸까?"

절대 당신을 평범한 사람처럼 대하는 사람을 사랑하지 마세요.
오스카 와일드(Oscar Wilde)

Part 03.
나는 왜 계속 을의 연애를 할까?

Box 3. 희생이 사랑이라고 생각되는 이유
가족, 그리고 연애 · 어린 시절의 부모화가 연애에 남기는 흔적 · 나의 정서적 부모화 · 부모화 극복기 · 어린 시절의 애착, 내 모든 연애 관계의 원형 · 부모화를 겪은 당신에게 변화의 기회가 있다

05. 연애의 기술: 당신이 힘들 때 자신에게 던지는 비난에는 어떤 것들이 있는지 생각해 봅시다

Part 04.
MBTI로 보는 나와 당신의 연애 유형

Box 4. 부정적 성격이 존재하는 이유
힘든 시간에서 살아남는 과정에서 생겨나는 부정적 성격 · 우울한 성향이 유지되는 이유 · 인류의 생존을 위해 필요한 부정적 성격

06. 연애의 기술: 아직 본인의 성격이 어떤 유형 혹은 특질을 가졌는지 모르고 있다면
07. 연애의 기술: 내가 싫어하는 나의 부정적 성격에는 어떤 것들이 있을까요?

Part 05.
소시오패스 감별법

Box 5. 우울한 사람의 연애

Part 06.
그 사람이 정말 나와 맞는 사람인지 알고 싶다면

Box 6. 연인으로 반드시 피해야 하는 사람

Part 09.
고백할까 말까 망설여질 때

15. 연애의 기술: 좋아하는 상대가 있어서 고백을 생각하고 있나요?

Part 10.
거짓말하는 사람과의 치명적인 관계: 바람에 대해 나눠야 할 이야기

Box 8. 결혼의 의미
근대의 결혼, 가족 간의 계약 · 현대의 결혼: 로맨틱한 개인 간 약속 · 남들과 반대로 진행된 나의 결혼과 신혼 · 법이 규정하는 결혼의 5대 의무 · 전통적인 결혼의 틀을 깨는 관계를 보다: 쥬디 아줌마의 남자친구

16. 연애의 기술: 바람 예방주사 - 커플이 함께 얘기해보면 좋은 11가지 질문들
17. 연애의 기술: 법적으로 규정된 부부의 5대 의무를 생각해봅시다. 이 의무들이 모두 합당하다고 생각되나요?

사랑에 대한
혁명적 발상의 전환

드라마는 재미있지만, 사랑에 대한 운명론적 믿음을 심어준다는 점에서 위험하다. 사랑에 대한 믿음은, 연애 관계에서의 감정과 기대를 비롯한 행동 전반에 영향을 미치기 때문이다.

사람들은 '사랑이 어떤 것인가'에 대해서 저마다 의식적이든 무의식적이든 어떤 믿음을 가지고 산다. 그 믿음을 모아서 심리학자들이 분류한 연구 결과, 사람들이 사랑에 대해 가지는 믿음은 대개 '운명론'이거나 '성장론'이라는 것을 알게 되었다.

사랑에 대한 두 가지 믿음

미국 휴스턴대 심리학과의 레이몬드 니 교수는 대학생들의 사랑에 대한 믿음을 비교하는 연구를 통해, 그들의 믿음이 연애 방식에 미치는 영향을 보여주었다.

연구에서 대학생들은 두 집단으로 분류되었다.
첫 번째 집단의 학생들은 오랫동안 연애를 지속했고 커플 사이에 문제가 생겼을 때도 잘 소통하며 해결해 나가는 모습을 보였다. 그들은 상대와 헤어지게 된다고 해도 정신적으로 많이 힘들어하지 않고 헤어짐을 받아들일 수 있었다.

두 번째 집단에 속한 학생들은 연애 관계를 오래 지속하지 못하고 짧게 끝내는 모습을 보였다. 시작은 뜨거웠지만 서로 갈등이 생기면 그것을 이야기하지 못하고 회피하는 경우가 많았다. 이별을 할 때면 큰 상처를 받고 사랑에 대한 회의감이 생겨났다.

니 교수가 찾아낸 두 집단의 차이는 바로 사랑에 대한 믿음이었다. 첫 번째 집단은 사랑은 성장하는 것이라는 믿음을 가졌고, 두 번째 집단은 사랑은 운명이라는 믿음을 가졌다.

운명론자들의 사랑

사랑이 운명이라고 믿는 사람들은 로맨스 드라마 주인공과 같이 '그(그녀)와 나는 운명적으로 만나고 사랑하도록 예정되어 있다'고 믿고 그 운명의 상대를 찾아 헤맨다. 그들이 사랑에 빠지는 이유는 운명적인 사람을 만났기 때문이고, 그렇지 못한 이유는 운명적인 사람을 아직 만나지 못했기 때문이다.

운명론자는 연애가 운명에 의해서 예정된 것으로 믿고 관계에

사랑에 대한 혁명적 발상의 전환

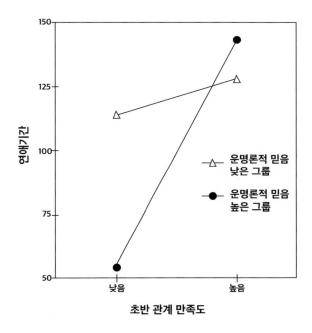

[그림 1] 운명론적 믿음의 수준과 초반 관계 만족도에 따른 연애 기간의 차이

임하기 때문에 상대방이 '운명적 그(그녀)'가 맞는지를 초반부터
제대로 파악하는 것을 매우 중요하게 여긴다.

운명론자의 연애 기간은 평균적으로 짧다. 그 이유는 연애 초
반에 삐걱거릴 때 이런 관계는 운명이 아니라 생각하고 일찌감치
정리하기 때문이다. 다만 초반에 서로 정말 좋았던 경우에는 성
장론자보다 오랜 기간 동안 연애를 계속했고 관계에 대한 만족도
도 가장 높았다.

운명론을 믿는 사람들은, 상대방이 내 이상형이 가진 특징이나 조건 같은 것들을 가졌는지 초반에 많이 따지는 계산적 사랑의 행동을 자주 보인다.

내 주변에도 운명적으로 사랑에 푹 빠지고 싶다면서도 상대의 온갖 조건을 따지는 친구가 있었다. 그의 모순적인 행동은 그가 사랑에 있어 운명론을 믿고 있었다는 측면에서 심리학적으로 설명 되었다. 주변에 순수한 사랑을 원하면서도 은근히 상대의 조건을 까다롭게 살피는 친구가 있다면 운명론자일 수 있다. 그들은 생애 단 하나뿐인 운명을 만나는데 그 사람이 어떤 사람인지 따져보지 않고 쉽게 만날 수는 없는 것이다.

성장론자들의 사랑

성장론을 믿는 사람은, 사랑을 변화하고 성장하는 관계 안에서 만들어가는 것으로 바라본다. 이들에게 사랑은, 오랜 시간을 들여 서로 노력하면서 점점 더 발전시켜나가는 것이다. 관계 안에서 크고 작은 문제들을 통해서 사랑이 더 단련되고 강해질 수 있다고 믿는다. 성장론자들에게 있어 성공적인 사랑을 하기 위한 필수 요건은 상대방과의 갈등을 해결하는 방법을 배워가는 데 있다.

영화 「해리가 샐리를 만났을 때」의 주인공 해리와 샐리는 성장론을 추구하는 커플의 연애를 잘 보여준다. 두 사람은 친구로 오랜 기간 함께하며 서로의 좋을 때와 힘들 때를 포함한 여러 가지 모습들을 두루 다 겪으면서 서로의 곁을 지켜주는 연인이 되어간다. 이처럼 성장론의 관점을 가진 사람은 친구 관계와 같은 자연스러운 만남을 통해 연애를 시작해서 장기적으로 관계를 이어가는 경향이 있다.

현실 연애와 드라마의 3가지 차이

신데렐라와 같은 여주인공이 등장하는 로맨틱 코미디 드라마들은 평범한 여자 주인공이 재벌 2세 남자 주인공과 운명적으로 만나는 내용으로 시작된다. 대부분 오만하고 까칠한 성격의 남자 주인공이, 처음에는 여자 주인공을 힘들게 하다가 사랑에 빠지게 되면 죽음 앞에서도 상대를 지키려 자신의 모든 것을 던지는 사랑의 대서사시가 펼쳐진다.

현실 속 연애는 드라마와 다르다. 먼저, 드라마처럼 완벽한 외모에 능력까지 갖춘 인물을 현실 속에서 찾아내기가 어렵다. 서로가 아니면 절대 안 되는 안타까운 상황 속에 반전에 반전을 거

듭하는 운명적 전개 역시 좀처럼 일어나지 않는다. 현실 연애는 극적인 드라마 장르라기보다는 작은 호감으로 시작된 첫 만남 뒤에 반복되는 실망과 갈등, 소소한 기쁨이 하루하루 이어지는 잔잔한 다큐멘터리 장르에 가깝다.

당신이 연애하며 상대를 기쁘게 하기 위해서 이벤트를 시도해 보거나 받아 봤다면 드라마와 현실의 차이를 극명하게 경험해봤을 것이다. 나 역시 남자친구에게서 서프라이즈 이벤트를 받게 된다면 영화 속 한 장면처럼 감동적일 거라고만 상상했었다. 그러나, 현실은 감동적이기보다는 계획대로 딱딱 진행되지 않는 이벤트의 과정들 때문에 웃음을 참기 힘든 경험이었다.

내 생일을 맞아 남자친구가 우리 집 앞 공원에서 케이크에 초를 붙였다. 그때 불어닥친 세찬 바람에 촛불이 계속 꺼지는 바람에 로맨틱한 분위기는 다 깨져버렸다. 가까스로 붙인 촛불을 서로 손으로 바람막이 벽을 만들어가며 서둘러 껐다. 마침내 자른 케이크를 웃으며 한입 가득 베어 문 순간 우리는 너무 당황했다.
우리가 계속 꺼지는 촛불과 씨름하는 동안 떨어져 내린 촛농이 케이크 위에 얹어진 초콜릿 사이에 들어가서 입 안 가득 씹혔기 때문이었다. 서로 눈치를 보며 아무렇지 않은 척 케이크를 먹으려다가 동시에 웃음보가 터졌다. '아, 이런 게 현실이지!' 싶었다.

우리가 겪는 일상 연애는 나와 상대방의 실수와 분위기를 깨는 현실적 사건 사고들이 끼어들어 드라마 같은 효과는 반감된다. 물론 나중에 그 실수가 빚어낸 사건은 서로 뜬금없는 타이밍에 '촛농'이라는 한마디만 해도 눈물을 흘리며 웃을 수 있는 재미난 추억이 되어주지만 말이다.

사랑에 대한 나의 믿음은

드라마보다 다큐에 가까운 현실 연애를 제대로 즐기고 유지하기 위해서는 꼭 필요한 과정이 있다. 바로 사랑에 대한 나의 관점을 점검해 보는 것이다. 마음을 공부하는 심리학이 연애에 유용한 이유는 과학적 연구를 통하여 내 마음속에 있는 생각과 감정을 객관적으로 바라볼 수 있도록 도와주기 때문이다.

마음속 믿음은 생각을 결정하고, 생각은 말과 행동을 결정하고, 매일의 말과 행동은 연애가 어떻게 시작되고 진행될지를 결정한다. 그런 이유로 사랑에 대한 무의식적 믿음은 나의 생각, 말과 행동에 강력한 영향력을 행사한다. 믿음을 점검하는 게 중요한 이유는 말이나 행동과는 다르게, 내가 알아차리지 않는 이상 본인 의지와는 상관없는 방향으로 내 인생을 끌고 가기 때문이다.

만일 당신이 사랑에 대한 무의식 속 믿음을 의식 수준으로 끌어 올려 꺼내 볼 수 있게 된다면, 엄청난 변화가 시작될 것이다.
더 이상 믿음에 끌려다니지 않고 스스로 원하는 방향을 선택할 수 있는 힘을 얻게 되기 때문이다.

이 책을 통해 당신에게 사랑에 대한 믿음을 결정할 수 있는 순간이 주어졌다. 당신의 결정은 운명론인가, 성장론인가?

사랑에 대한 믿음을 점검해봅시다.

당신의 믿음은 운명론에 가까운가요, 아니면 성장론에 가까운가요?

Box 1

우리는 평생 성장한다
에릭슨의 평생 발달 이론

"지금의 연애 문제를 이해하는 데 어린 시절이 왜 중요하죠?"

우리가 인생을 살면서 겪는 심리적 문제들은 한 번으로 그치는 것이 아니라 동일한 문제들이 반복되는 경우가 많다.

마음을 여는 것 자체가 힘들거나, 불합리한 상황에서도 거절하지 못하거나, 권리를 지키기 위해 싸우지 못하고, 지나치게 집착하는 문제는, 연애에서도 나타나지만 친구 관계나 직장 내 문제로도 연결된다.

이렇게 여러 영역에서 심리적 문제가 반복, 재생산되는 이유는, 문제의 뿌리가 어린 시절에 겪은 사건들에 있기 때문이다. 흔히 발달은 어린 시절에 끝나고 성인이 되어서는 발달하지 않는다고 생각한다. 그러나 발달심리학의 거장 에릭 에릭슨의 발달 이론에 의하면 우리는 평생, 죽을 때까지 변화되고 발달한다.

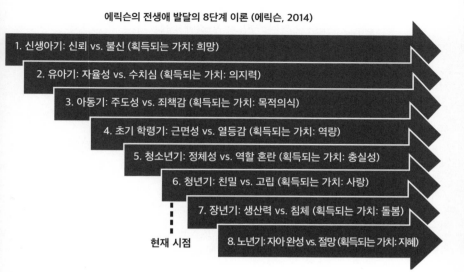

에릭슨의 전생애 발달의 8단계 이론 (에릭슨, 2014)

1. 신생아기: 신뢰 vs. 불신 (획득되는 가치: 희망)

2. 유아기: 자율성 vs. 수치심 (획득되는 가치: 의지력)

3. 아동기: 주도성 vs. 죄책감 (획득되는 가치: 목적의식)

4. 초기 학령기: 근면성 vs. 열등감 (획득되는 가치: 역량)

5. 청소년기: 정체성 vs. 역할 혼란 (획득되는 가치: 충실성)

6. 청년기: 친밀 vs. 고립 (획득되는 가치: 사랑)

7. 장년기: 생산력 vs. 침체 (획득되는 가치: 돌봄)

현재 시점

8. 노년기: 자아 완성 vs. 절망 (획득되는 가치: 지혜)

[그림 2] 에릭슨의 전생애 발달의 8단계

그는 태어나서 죽을 때까지의 기간을 8개의 발달단계로 설명하한다.

이것을 이해하는 것은 생을 쭉 거슬러 올라오면서 나에게 반복되는 심리적 문제, 혹은 삶의 딜레마의 뿌리를 이해하고, 과거의 내가 어떻게 살아왔는지 성찰해 볼 수 있는 기회를 준다.

신생아기 (출생 후 18개월)

사람이 처음 태어나 철저하게 자신의 양육자에 의존하여 생존하면서, 자신을 둘러싼 사람과 환경에 대한 기본적인 신뢰가 형성되는 시기다.

이때 자신의 배고픔 등 생리적 욕구나 정서적 욕구가 적절히 충족된 경우에는 신뢰가 형성되지만, 생애 초기에 양육자의 경제적 상황이나 우울증 등의 어려움으로 그렇지 못한 경험을 하게 되면 깊은 불신이 쌓이게 된다.

사람을 믿고 마음을 열기가 어렵다는 사람은 이 시기의 힘들었던 경험에 무의식적으로 강한 영향을 받았을 가능성이 크다.

유아기(18개월~3세)

다음 단계인 유아기에는 아기가 손을 뻗고 움직이면서 부모에 대한 의존성에서 벗어나 본인의 자율성을 추구하는 시기이다.

실제로 내 아이도 20개월 때 바지를 혼자서 입겠다고 울고, 모르는 장소에 가서 혼자 걷겠다고 잡은 내 손을 뿌리치곤 했었다.

부모가 이러한 유아의 행동을 지나치게 제한하거나 엄격한 배변 훈련을 하는 경우, 유아는 자신에 대한 수치심을 느끼고 자율적인 의지를 키우는 데 제한을 받게 된다. 그 결과 자신의 인생이나 관계에 있어서 지나치게 주변의 기준을 의식하고 결정을 못 내리거나, 사회적 규범에 융통성 없이 사로잡히게 될 수 있다.

관계에 있어서 타인에게 지나치게 휘둘리고 결정을 잘 내리지 못하는 문제를 겪은 사람은, 부모님의 지나치게 통제적이거나 보호하려는 양육 태도가 본인에게 미친 영향을 생각해 볼 필요가 있다.

아동기(3~5세)

아동기에 이르면 걷고 뛰며 자기 신체를 원하는 대로 움직일 수 있게 되면서 본인이 하고 싶은 작은 목표들을 설정해 놀이에 몰입하는 아이들을 볼 수 있다. 이때는 수동적 반항에서 나아가 자기가 하고 싶은 일을 적극적이고 능동적으로 추구하는 행동이 늘어나는 시기다.

이 시기를 잘 보내는 것이 인생을 주도적으로 살아내는 힘을 기르는 데 결정적이다. 만약, 이 시기에 하고 싶은 일들을 제한당하고 과도하게 자신을 억제해야 하거나, 또는 부모가 주도성을 가지고 살지 못하는 모습을 보게 되면, 아이는 분노와 좌절을 느끼게 된다. 그 결과 성인이 되어서도 주도성을 갖지 못하고 싫은 것으로 가득 찬 유아의 정신세계에 머무르게 될 수 있다.

자기가 싫고, 피하고 싶은 것들은 많지만, 어떤 것들을 원하는지가 불명확한 사람은 이 시기의 경험을 돌아볼 필요가 있다.

초기 학령기(6~11세)

이제 유치원, 초등학교 등의 학교생활을 시작하게 된 아이는, 체계적인 교육 과정 속에서 자신이 맡은 학업을 함으로써 인정받는 방법을 배우게 된다. 아이는 사회적으로 일을 하기 위한 준비 단계로서 자신에게 주어진 공부라는 목표를 달성해야 한다.

이 시기를 잘 보낸 아이는 집중력과 끈기로 자신에게 부여된 목표를 달성하는 기쁨을 누릴 수 있다. 그러나 자신의 능력치나 다른 이들 사이에서 자신이 차지한 상대적인 지위에 실망할 때, 아이는 스스로에 대한 열등감을 경험하게 된다.

성적에 따른 서열화가 뿌리 깊게 박혀있는 한국 사회에서 열등감으로부터 자유로운 사람은 드물 것이다. 자신감이 약하고 어떤 일을 하다가 중간에 잘 포기해버리는 사람은, 이 시기에 스스로 혹은 부모의 압박과 비난으로 힘들었던 경우가 많다. 이 시기는 내가 전반적으로 자신감이 없고 위축되어 있는 부분이 잘 설명되는 시기이다.

청소년기(10대)

아이에게 급격한 신체적인 성숙이 일어나면서 한 인간으로서 자신이 어떤 사람인지에 대한 정체성의 문제에 사로잡힌다. 이 시기에 아이는 본인이 스스로 생각하는 자기의 모습과 남들의 눈

에 비친 자기의 모습이 어떻게 다른지에 대해서 신경 쓰기 시작
한다. 정체성의 혼란을 정리하려는 과정에서 본인과 비슷한 사람
은 내 편으로, 다른 사람은 적으로 간주하거나, 인기 연예인 아이
돌에게 완전히 몰입하게 되기도 한다.

내가 누구인지에 대한 혼란은 내가 무엇을 해야 하는지에 대
한 혼란으로 이어진다. 이전의 발달 단계에서 문제가 되었던 부
분들이 축적되어 있다가 한꺼번에 폭발해서 극단적인 방황을 불
러오기도 한다. 이 시기에 겪는 방황을 피하려고 애쓸 필요는 없
다. 이 시기의 방황은 '내가 어떤 사람인가?'라는 질문에 대한 답
을 찾는 과정에서 꼭 필요하고 인생 전체로 봤을 때 본인에게 이
롭다.

오히려 이 시기에 방황을 전혀 하지 않은 사람은, 정리되지 못
한 정체성의 문제로 인해 나중에 혼란을 겪게 될 가능성이 크다.

연애에 있어서 나다운 게 무엇인지 알지 못하고 상대방이나 다
른 사람의 생각에 지나치게 영향을 받는 사람은, 청소년기를 어
떻게 보냈는지 돌아보는 것이 도움이 될 것이다.

청년기(20~40세)

평생의 연애하는 패턴을 만들어가는 데 있어 가장 직접적인 관
련성이 높은 시기다. 청년기에 연인을 만나 친밀한 관계를 만들

어 가는 것이 그 어떤 과업보다도 가장 중요한 과업으로 떠오르기 때문이다.

이때 경험하는 연인 사이의 친밀감은, 인격적인 면뿐 아니라 성적인 면을 포함하여 매우 가까운 사이에서 느껴지는 감정적인 밀착을 뜻한다. 깊은 친밀감을 느끼는 연인 관계를 만들어가는 일에는, 내가 직업이나 다른 관계에서의 상당한 희생과 포기를 감수하고 헌신하겠다는 결단이 요구된다는 점에서 어렵다.

상대방과 친밀해지기 위해서는 내 삶의 방식, 또는 기준을 바꾸거나 타협하며 상대방과 맞추어 나가야 한다. 이런 깊은 안정감을 주는 친밀한 연인 관계를 통해 우리는, 인생에서 맞닥뜨리는 대립 관계(남과 여, 현실과 상상, 사랑과 증오 등)로부터 오는 적대감과 긴장을 완화할 수 있는 능력을 얻게 된다.

여기에서 발생하는 스트레스를 감당하지 못하고 친밀한 관계 자체를 회피해버리는 경우에는 깊은 고립감과 외로움을 느끼게 된다.

그렇다고 혼자인 시간이 힘들고 외롭기만 한 것은 아니다. 숨막히는 집착과 강요로 점철된 가까움이 아니라 건강한 형태의 친밀감을 만들어가기 위해서는, 연애 관계 안에서 적당한 거리를 유지하는 연습이 필요하다. 코로나 시대를 겪은 우리에게 익숙한 사회적 '거리두기'가 에릭슨의 이론에서 등장하는 대목이다.

에릭슨이 말하는 거리두기는 어쩔 수 없는 결과로 발생하는 사회적 고립이 아니라 '내가 스스로 선택하는 거리두기'이다. 이것이 필요한 이유는, 때로는 다른 이들이 나의 영역을 함부로 침범하기 때문이다. 연인과의 만남을 통해 적당한 거리두기의 연습을 하고 내가 상대방과 있을 때 가장 편안해하는 마음의 거리를 알아내는 것은, 행복한 관계를 맺기 위해 정말 중요한 정보다.

이 시기에 나에게 적당한 거리가 어느 정도인지를 알아내지 못한 사람은 친밀한 관계를 맺는 법을 모르는 채로 계속 고립되거나, 관계를 맺게 되어도 거리 조절이 안 되어 불행하다고 느끼게될 가능성이 크다.

중년기(40~65세)

젊은 사람 입장에서 중년기와 노년기를 바라볼 때 인생이 다 결정된 채 늙어가는 시기라고 생각하는 경우가 많다.

그러나 에릭슨의 이론에 의하면 그렇지 않다. 40~65세의 중년기에는 일에서 꽃을 피우는 시기이다. 활발하게 활동하며 내 분야에서 성과를 내고 다음 세대에 축적된 노하우를 전파하려고 노력한다.

이 시기에 사회적으로 나름의 성과와 영향력을 발휘하지 못하게 되면 그동안의 인생에 대한 혼란과 후회에 사로잡히는 '중년의 위기'를 겪을 가능성이 커진다.

노년기(65세 이후)

65세 이후 노년기에는 굴곡진 삶을 돌아보며 인생에서의 의미를 찾는 시기이다. 이 시기에 삶의 의미를 찾지 못하면 지나간 삶에 대한 후회와 절망감을 느끼게 된다. 평생의 발달 단계 중 어느 한 시기도 쉬운 시기는 없다. 그렇기에 매 순간 지루할 틈이 없는 게 인생이다.

에릭슨의 이론을 따라가며 반복되는 문제의 뿌리가 무엇인지를 발견하는 것은 매우 중요하다. 심리 치료에서 스스로 심리적 문제의 뿌리를 발견하는 것은 해결의 시작이 되기 때문이다.

가끔 연애 상담을 하게 될 때 내가 에릭슨의 발달이론을 얘기했던 이유도, 지금 연애 관계에서 겪는 문제의 원인이 어린 시절의 경험에서 오는 경우가 많다는 것을 알려주기 위해서였다.

계속 같은 연애 문제가 반복될 때 자신은 원래 그런 사람이라며 절망하기 쉽다. 반복되는 문제의 원인은 현재의 성격과 믿음의 뿌리를 형성한 어린 시절에 있다. 그 습성은 끈질긴 관성과 같이

우리는 평생 성장한다

계속 같은 형태로 유지되려고 한다.

이 이론을 설명하고 나면 대부분 지금의 문제와 관련해서 결정적인 경험으로 떠오르는 어린 시절의 경험이 있었다.

내 연애도 그랬다. 어렸을 때 우리 부모님은 자주 싸웠고 나는 종종 두 분을 중재하고 위로하는 역할을 해야 했다. 그 경험이 과거의 일에 그치지 않고 현재의 연애에도 영향을 미쳤다. 남자친구와의 갈등에도 나의 불만을 제대로 표현하지 못했다. 부모님의 다툼 안에서 괴로워했던 어린 시절의 경험이 되살아나 나의 연인관계도 부모님처럼 변질될까 두려웠기 때문이었다. 이러한 과거의 영향력을 인식하는 것만으로도, 현재 내가 겪는 연애 문제를 깊이 있게 이해할 수 있고 변화의 돌파구를 찾아낼 수 있다.

에릭슨의 이론을 좋아하는 또 한 가지 이유는, 내가 아무리 나이가 많이 들었다고 해도 지금 상태에서 변화될 수 있다는 희망을 주기 때문이다. 인간으로서 우리의 발달은 성인이 된 후에도 평생 계속된다. 성인이 되어서도 인생은 어렵다. 청년기, 중년기, 노년기에 이른 우리에게, 인생은 매 순간 새로운 문제와 그 시기에 반드시 다루어야만 하는 발달의 과업들을 던져준다.

여태까지 살아오면서 앞선 발달 단계에서 다양한 어려움을 겪었을 것이다. 지금 그 문제를 제대로 의식화해서 다루지 않고 묻어둔 채로 살아가게 되면, 나중에 그 문제는 분명 다시 나타날 것이다.

성인이 된 우리는 문제 해결의 주체가 되어야 한다. 과거의 일을 있는 그대로 이해하면서 부모 등 다른 사람만 탓하는 데 머무르지 않고, 내가 변화되기를 원하는 삶의 방향을 적극적으로 추구해야 한다.

연애에서 나타나는 문제는 다른 인간관계에서도 나타난다.

연애는 어린 시절 엄마와의 애착 관계 이후 가장 강렬하고 친밀한 관계이다. 때문에 내가 겪는 인간관계 문제의 핵심이 무엇인지를 분명하게 드러내 보여준다.

연애에서 나타나는 문제는 직장 내 다른 인간관계, 나 자신이나 나의 분신과 같은 가까운 사람을 대하는 방식, 이루고 싶은 꿈을 다루는 방식 등 전반적인 인간관계나 내가 살아가는 방식에서 겪는 문제와 동일한 뿌리를 가지고 있다.

연애에서 반복되는 문제를 돌아보는 과정은 내가 겪는 인생의 문제를 해결하는 열쇠가 된다.

우리는 평생 성장한다

✦ ✦ ✦

만일 당신이 사랑에 대한 무의식 속 믿음을
의식 수준으로 끌어올려 꺼내 볼 수 있게 된다면,
엄청난 변화가 시작될 것이다.
더 이상 믿음에 끌려다니지 않고 스스로 원하는 방향을
선택할 수 있는 힘을 얻게 되기 때문이다.

에릭슨의 발달 단계에 따라 내가 겪은 문제들을 돌아봅시다.

발달 단계	
1. 신생아기 (신뢰의 문제)	
2. 유아기 (과도한 제제나 보호)	
3. 아동기 (엄격한 통제나 훈육)	

발달 단계	
4. 초기 학령기 (열등감)	
5. 청소년기 (정체성 혼란)	
6. 청년기 (친밀감 회피)	
7. 중년기 (사회적 실패)	

첫사랑 이야기

"안녕. 난 준영이라고 해.

넌 날 모르겠지만 난 널 알고 있어.

이 음료수 너 줄게. 맛있게 먹고 수업 잘 들어."

16살이 되던 해의 더운 여름이었다. 국영수 학원을 다니던 시절, 학원 쉬는 시간에 자판기 앞에서 줄을 서서 기다리고 있는데 앞에 서 있던 남자애가 나에게 음료수를 건넸다.

얼떨결에 음료수를 받아들었던 그날 그를 알게 되었다. 그와는 같은 학교에 같은 학원을 다니고 있어 종종 마주칠 일이 있었다. 그때마다 유쾌한 그와 소소한 내용의 쪽지를 주고받으며 웃거나 학원에서 집으로 같이 걸어가며 얘기를 나누곤 했다.

그해 가을 소풍 날 아침, 부반장이었던 나는 출발하기 전에 운동장에서 줄을 세우고 있었다. 그때 갑자기 친구들이 나를 줄 뒤쪽으로 끌고 갔다. 거기에는 처음 보는 남자애가 꽃바구니를 들고 서 있었다. 아이들의 환호성을 뒤로 하고 꽃바구니와 편지를 받았다.

편지 내용은 자기는 옆 반의 부반장인데 조회 시간마다 옆에 나란히 서 있다 보니 나를 좋아하게 되었다는 내용이었다. 그 이후로도 그의 친구들은 나와 그를 엮어주려고 했지만, 얼굴이 빨개진 채 말 한마디도 못 붙이는 그와의 관계는 더 이상 진전되지 않았다. 그의 친구들 그룹에서 준영이가 보였지만 그는 한 번도 앞에 나서지 않았다. 그렇게 시간은 흐르고 크리스마스를 앞둔 어느 날 준영이에게 연락이 왔다.

"내 친구들 사이에 문제가 생겼어."
"무슨 문제?"
"모두 각자가 너랑 크리스마스를 보낼 계획을 세우고 있어. 애들끼리 다 분열될 거 같은데 이 사태를 어떻게 책임질 거야?"

살다가 처음 겪는 일에 기분이 좋기도 했지만, 나와 직접적인 교류가 전혀 없던 그들의 집단적인 감정에 황당함이 컸다. 어찌 되었든 준영이의 결론은 그들끼리 합의해서 나의 선택을 존중하기로 했으니 그들 중 크리스마스를 함께 보낼 한 명을 골라 달라는 거였다.

"글쎄. 내가 꼭 너희들 중 하나와 크리스마스를 보내야 한다는 법은 없잖아. 일단 생각해 볼게. 학원 끝나고 얘기하자."

난 내심 준영이와 함께 크리스마스를 보내고 싶었다. 그런 황당한 상황에 밀려서 억지로 선택하듯 말하고 싶지 않아서 나중에 다시 만나자고 했다.

"난 너랑 크리스마스 같이 보내고 싶은데."

학원 수업이 끝나고 집으로 가는 길에 그를 만나서 말했다. 그 말을 하는 순간 그가 갑자기 점프를 뛰더니 막 길 이쪽저쪽으로 뛰어오르며 소리를 질렀다.

"뭐? 나? 정말 나? 와아아아아아! 끼야오~!!"

괴성을 지르며 인도를 질주하는 그의 모습은 미친 사람 같았다. 그를 모르는 척 외면하고 갈 길을 갔다.

그 해의 크리스마스는 함박눈이 쏟아지는 화이트 크리스마스였다. 우리는 눈이 펑펑 내리는 길을 함께 걸으면서 눈이 떨어지는 모습을 바라봤다.
가로수 불빛 아래 큰 눈송이가 유영하며 떨어지는 모습이 봐도 봐도 싫증 나지 않고 아름다웠다. 그때까지 한 번도 카페를 가본 적이 없었지만 추위를 피하기 위해 용기를 내어 아기자기한 분위기의 카페에 들어갔다. 나중에는 우리의 단골집이 된 그 카페에서 나는 레몬차, 그는 체리차를 시켜서 호호 불어 먹으며 우리의 즐거운 시간은 계속되었다.

첫사랑의 비밀

어느 날 집에서 공부하고 있는데 창문 밖에서 "딱! 딱!" 하고 뭔가가 부딪히는 소리가 났다. 우박이 내리나 하고 창밖을 내다봤더니 창문 아래에 준영이가 돌멩이를 들고 서 있었다.

"너 이 시간에 왜 거기 그러고 서 있어?"
"잠깐 나올 수 있어?"

내려가 보니 헐렁한 목폴라를 코끝까지 올린 준영이가 추운 아파트 골목길에 서 있었다.

"무슨 일 있어?"
"그냥… 잠깐 너 보고 싶어서 왔어."

"나 엄마가 찾으면 바로 들어가야 해. 잠깐 그네 탈래?"

그렇게 시답지 않은 얘기를 하며 그네를 타는데, 그가 목폴라가 내려갈 때마다 신경을 쓰는 모습이 보였다.

"너 왜 그래? 무슨 일 있어?"

"아니야, 뭐가?"

그네가 흔들리는 순간 그의 목폴라 속에 검붉은 뭔가가 보였다. 억지로 달려들어서 살펴보니 그의 입술이 찢어져 두 배 이상 부어있었고 검게 피가 맺혀 있었다.

"너 싸웠어?"

"어? 응, 나 또 시비가 붙어서 18대 1로 싸웠네."

웃음으로 때워 넘기는 데 그의 표정은 좋지 않았다. 알고 보니 아버지가 폭력을 휘두른 거였다. 아버지는 어릴 때부터 어머니와 그를 심하게 폭행해왔고, 견디다 못해 어머니는 쪽지만 남기고 집을 나가버렸다고 했다. 평소 밝은 그의 모습에서는 상상하기 어려운 큰 아픔이었다.

준영이네 지금 어머니는 새어머니고, 동생은 배다른 동생이라고 했다. 그날은 왜인지 모르게 밖에서부터 화가 난 아빠가 집안 집기를 다 때려 부수고 자기도 때려서 도망쳐 나왔다고 했다. 걷다 보니 갈 데도 없고 내 생각이 나서 우리 집 쪽으로 오게 된 것이었다.

"초등학생, 놀랐어?"

나는 그가 한없이 안쓰러워졌다. 그 때 그가 나를 부르던 별명이 초등학생이었다.

"응. 좀 놀랐어. 난 전혀 그런 줄 몰랐는데. 힘들었겠구나. 그래도 네가 이렇게 잘 도망쳐 나와서 다행이다. 잘했어!"

그날 이후부터 우리는 서로에게 더 이상 숨길 게 없는 꼬꼬마 커플이 되었다. 같이 있으면 평범한 동네 길을 걸어도 그 길이 꽃 길이었고, 웃음 길이었다. 우리 부모님은 평소에 개방적인 편이라 준영이를 예뻐해 주시고 같이 놀러 가면 감자튀김, 과일 샤베트 등 맛있는 엄마표 간식도 많이 해주셨다.

첫사랑 이야기

가끔 그의 집에 놀러 가기도 했는데, 어느 날 그가 혼자 어린 동생을 보고 있다고 했다. 아장아장 걷는 아기를 데리고 셋이 집 앞 시장에서 장을 봐다가 카레를 해 먹었다. 그때 시장에서 처음 사본 감자가 너무 싸서 놀랐고, 아기가 우리가 어설프게 만든 카레를 온몸에 다 묻히며 너무 잘 먹어서 놀랐다. 내가 집에 가는데 뒤를 돌아볼 때마다 준영이와 아기가 창문에 나란히 붙어 서서 그들의 모습이 손톱만큼 작아질 때까지 웃으며 손을 흔들어 댔다.

물론 우리의 나날들이 항상 기분 좋기만 한 건 아니었다. 나에게는 항상 다정하고 유쾌했던 준영이가 가끔 완전히 다른 사람이 될 때가 있었다. 학원 아이들이 밖에서 싸움이 났다고 해서 나가 보면 준영이가 상대방 아이를 미친 사람처럼 패고 있는 모습이 보였다. 상대 아이는 준영이에게 맞으며 뒤로 옆으로 밀려나다 못해 인도에서 차도로 떨어져 내렸다. 내가 그만하라고 소리쳐도 아무 말도 안 들리고 주변에 아무것도 안 보이는 듯한 그의 모습은 나에게 공포를 불러일으켰다.

전에 나에게 고백했던 아이의 무리 중 준영이 말고 한 명 더 친해진 아이가 있었는데, 현석이었다. 현석이는 나처럼 공부를 잘했고 영화감독을 꿈꾸는 아이였다. 현석이와 나는 영화, 책 등의 취향이 비슷했고, 가끔 만나면 철학적이고 진지한 얘기를 하곤 했다.

준영이와 현석이는 단짝 친구였다. 현석이는 춤을 잘 추고 노래도 잘해서 학교에서 유명했던 준영이를 자기가 매니저로서 관리한다고 했다. 나와 사귀게 되면서 준영이 매니지먼트에 너무 큰 문제가 생겼다고 투덜거리며 장난치곤 했다.

우리 셋의 관계에서 가장 힘들었던 건 준영이의 반응이었다. 한 번씩 현석이와 나눈 얘기를 웃으며 말하면 갑자기 숨소리가 거칠어지면서 화를 내며 나가버렸다. 현석이는 우리가 사귀는 걸 다 알고 있고, 친구일 뿐인데, 뭐가 문제인 건지 이해할 수 없었다.

아무것도 안 보이는 듯 싸우던 그의 분노에 찬 모습이 나에게도 드러나는 거 같아서 마음이 무거워졌다. 준영이의 그런 반응이 신경 쓰여 현석이와 몰래 아주 가끔 이메일만 주고받으며 지내게 됐다. 이런 상황에 마음이 답답해졌다. 아무것도 아닌 친구 사이까지 이렇게 그의 눈치를 봐야 하는 게 숨이 막혀왔다.

첫사랑의 외면

그러다 우리의 첫 경험이 있었다. 준영이는 분명 나보다 경험이 많은 거 같았다. 자기의 처음은 어떤 누나였고, 술을 마셨고, 생각보다 너무 힘들어서 놀랐다고 했다. 그날은 준영이네 집에서 아이스크림을 먹다가 준영이가 소주를 가져왔다.

"술 한 잔 먹고 싶다. 오늘 기분이 좀 그러네."

그렇게 처음으로 소주 몇 잔을 먹다가 갑자기 관계가 시작되었다.

"네가 싫으면 안 할게."

그렇지만 나도 궁금한 마음이 있었다. 그렇게 관계가 끝나고 너무 아팠던 나는 준영이에게 업혀서 집으로 돌아왔다. 막상 몸이 아픈 것보다 엄마에게 아무 일도 없는 척하는 게 더 힘이 들었다. 그 일이 있은 뒤 며칠 동안 그에게서 아무 연락이 없었고, 약간 버림받은 것 같은 느낌이 들었다.

준영이가 카페에서 만나자고 해서 나가보니 또 목폴라에 얼굴을 반쯤 가리고 있다. '그 사이 무슨 일이 있었구나' 하고 생각하던 나에게 그가 약상자 하나를 테이블 위에 툭 던졌다.

"이게 뭐야?"

"이거? 임신테스트기."

난 사실 그때가 임신이 될 수 없는 기간이었던 걸 알고 있었다. 더 충격이었던 건 그의 다음 말이었다.

"난 사실 네가 임신이 되었으면 좋겠어."

임신을 통해서라도 내가 다른 사람과 못 만나고 평생 자기와 함께 했으면 좋겠다는 그의 집착이 느껴졌다. 갑자기 그와 함께 있는 것 자체가 너무 답답하고 숨이 막혀왔다.

"나 좀 생각해볼 시간이 필요해. 나중에 연락할게. 집에는 나 혼자 가고 싶어."

그렇게 집에 오면서 그와 헤어지겠다는 결심을 굳혔다. 처음 전화로 헤어지자고 말을 했을 때는 정신없이 차도에 뛰어들었다는 그 애를 잡으러 뛰쳐나와야 했다. 마음이 아팠지만 그에게서 벗어나고 싶은 생각이 더 강했다.

이날의 기억은 내 마음속에 사귀는 사람과 관계를 갖는다는 것 자체에 대한 두려움이 자리 잡았다.

　학년이 바뀌고 그와 나는 모르는 사람처럼 지냈고, 학교에서 마주쳐도 모르는 척했다. 학교에서 인기가 많았던 그의 소식을 간접적으로 들을 뿐이었다. 그와 나의 과거를 모르는 친구들이 가끔 드라마 대사 같다며 그의 삐삐 소개 멘트를 말했다. 누군가를 잊지 못하고 기다린다는 내용이었다. 나에 대한 미련이 아직 남아있다는 건 알았지만 모른 척했다. 그와 다시 만나서 한마디라도 말을 섞으면 아무렇지 않게 예전의 사이로 돌아갈 것만 같은 느낌에 겁이 나서 더 철저하게 그를 모르는 척 무시했다.

　그 후로도 몇 년간 집으로 돌아오는 길 아파트 계단에 아름다운 초가 켜져 있거나 빨간색 편지함에 노란 프리지어 꽃다발이 꽂혀 있는 일이 있었다. 프리지어 꽃은 우리가 가장 좋아했던 꽃이었다. 그인가 싶어 주변을 찾아보고 싶은 마음이 불쑥 올라왔지만, 애써 참으며 꽃을 그대로 두고 그냥 평소대로 조용히 계단을 올라갔다.

　새 학년이 되어 무겁게 교과서를 한꺼번에 받아들고 오던 날 누가 뒤에서 내 책들을 휙 낚아채는 일이 있었다. 준영이였다. 그는 나와 눈도 마주치지 않고 내 책 꾸러미를 들고 가서 우리 교실 앞 신발장에 놓고 갔다. 우리 마음의 거리는 조마조마할 만큼 아직 이어져 있었다.

첫사랑의 편지

그러다 결국 그가 서울로 전학을 갔고, 나도 이사를 갔다. 대학을 다니며 캐나다로 어학연수도 다녀왔다.

그 시점에 엄마로부터 그가 오래전에 보내온 편지를 전해 받게 되었다.

"사실 편지가 왔었는데, 엄마가 너무 무서워서 숨기고 다 찢어서 버렸어. 그런데 그중 하나를 도저히 버릴 수가 없어서 가지고 있었는데, 이제 몇 년이 지났으니 보여줄게."

편지를 열어보니 흰 바탕에 검은 줄이 있는 편지지였다.

"보고 싶은 초등학생에게, 잘 지내냐? 나는 아직도 네가 그 초등학생 같은 얼굴로 대학생이라고 캠퍼스를 누비고 다니는 모습이 상상이 되지 않는다."

그는 여전히 나를 초등학생이라고 부르고 있었다. 장난기 가득한 그의 편지를 그리움 반, 웃음 반으로 읽고 있는데 생각지 못한 반전이 있었다.

"너에게 답장이 안 와서 말할까 말까 하다가 그냥 털어놓는다."

그는 소년 교도소에 다녀왔다고 했다. 어느 날 술을 먹고 어떤 사람이 그의 여자친구를 건드리는 바람에 시비에 휘말렸는데 정신을 차려보니 자기 손에 벽돌이 들려져 있고, 자기 밑에 깔린 사람이 숨을 쉬지 않았다며, 마치 악마에 씐 거 같은 느낌이었다고 했다.

출소 후 대학에 다니며 열심히 지내고 있지만, 자기가 영원히 다른 사람이 되어 버린 거 같다고 했다. 어쩌다가 이렇게 된 것인지 꿈에서 일어난 일인 듯 믿어지지 않고, 우리가 함께 웃으며 공부하던 그때가 너무 그립다고 했다.

편지 끝에 그는 그 시절이 가장 행복했던 시절로 기억되고 있으니 자신이 상처 준 게 있었다면 다 용서해달라고 했다. 그 편지의 여운은 꽤 오래갔고, 문득 내 인생에서 지워진 그였지만, 만일 다시 마주치게 되면 무슨 말을 해야 할까 생각하고는 했다.

첫사랑의 교양(敎養)

이제 두 돌이 된 내 아이와 함께 있다 보면 처음의 느낌은 참 강렬하다는 걸 깨닫게 된다. 태어나 처음으로 딸기를 먹을 때 그 맛과 향에 눈이 동그래져서 '세상에 이런 맛이'라는 표정을 지으며 맛있어하고, 처음으로 다치고 나서는 당장 어떻게 될 것처럼 울고, 또 엄마가 없다고 생각하면 하늘이 무너진 것처럼 운다.

내 첫사랑도 그랬다. 첫사랑은 강렬한 기쁨, 미안함과 아픔으로 남는 기억이다. 성장론의 관점에서 보면 첫사랑처럼 내 연애에 대해서 강렬한 가르침을 주는 사건은 없는 거 같다.

그는 나에게 내 있는 모습 그대로를 사랑스럽게 여기는 법을 가르쳐 주었다. 또한, 서로 지나치게 구속하거나 집착하지 않아야 하는 것과 성관계를 포함해 인생의 중요한 결정을 할 때, 서로 존중하는 것이 필수적인 조건이라는 것도 알려주었다.

그의 집착과 거짓말에 힘들었지만, 그가 솔직하게 나눠준 아픔으로 인해 내가 바라보는 세상이 커졌고, 지금은 어린 나를 성장시켰던 아름다운 기억으로 남아있다.

03

첫사랑을 떠올려 보는 시간을 가져 봅시다. 그는, 그녀는 어떤 사람이었나요? 처음이라 강렬하게 겪었던 일들은 어떤 것들이 있었나요? 그 경험이 나에게 알려준 가르침은 무엇이었나요? 비난과 후회는 접어두고 담담하게 그때를 떠올려 봅시다.

Box 2

첫눈에 반하는 이유

우리가 운명적으로 사랑에 빠진다고 표현하는 느낌 중 가장 대표적인 것은 첫눈에 반하는 것이다.

아무것도 아는 것 없는 상태에서 첫눈에 반하는 것이 어떻게 가능한 것일까? 그 사람이 반짝반짝 빛이 나고 매력이 넘치기 때문에 우리의 마음이 한순간 그 사람에게 반해버리는 것일까?

프로이트의 제자이자 정신분석학의 대가인 칼 융은, 누군가에게 첫눈에 반하는 이유는 그 사람의 매력 때문이 아니라고 단언한다. 융의 이론에 따르면 첫눈에 반하는 것은 자기의 내면에 억눌린 채 존재하는 이성의 이미지가 그 사람의 이미지와 맞아떨어질 때 생겨나는 감정이다. 여성인 나의 억눌린 남성성을 표면적으로 대변하는 사람을 만났을 때 우리가 첫눈에 반했다고 느끼는 것이다.

내면에 억눌려 잊혀진 나의 반쪽: 아니마와 아니무스

융은 여성의 경우 내면에 아니무스라는 남성상을 품고 있고, 남성은 아니마라는 여성상을 품고 있지만, 대부분 이를 의식하지 못한 채 살아간다고 설명한다. 내 안에 있는 아니마, 또는 아니무스는 내가 사회적으로 드러나는 모습인 '페르소나(Persona)'와의 비교를 통해 이해될 수 있다.

정신적으로 건강한 사람은 내면에 남성성과 여성성을 함께 가진 양성적인 존재다. 그러나 우리는 어려서부터 평생 여성 또는 남성으로서 행동하도록 사회화되는 과정을 거친다. 여자라면 어릴 때 과격한 행동을 하면 여자답지 못하다고, 남자라면 예민하게 굴 때 남자답지 못하다는 소리를 들은 적이 있을 것이다.

그 결과 여성은 내 안의 남성성을, 남성은 내 안의 여성성을 억누른 채 살아가게 된다. 결국, 사회적으로 용인되는 모습인 페르소나만을 나라고 의식하고 받아들이게 된다.

겉으로 드러나지 않도록 억눌러야만 하는 반대 성별의 특성은, 여성 내면의 남성성인 '아니무스' 혹은 남성 내면의 여성성인 '아니마'로서 우리의 무의식에 자리 잡게 된다. 융에 따르면 무의식에 억눌린 아니무스와 아니마는 겉으로 드러나는 페르소나의 성향을 보완하는 특성을 가졌다. 겉으로는 거침없고 강해 보이는 남성이 마음속에는 유약하고 쉽게 불안해하는 아니마를 가졌거나, 겉으로는 부드러운 여성이 내면에는 고집을 꺾을 수 없는 아니무스를 가진 채로 살아가고 있다. 의식되지 못한 아니무스나 아니마는 무의식을 통해 계속해서 강력한 영향을 미친다.

본캐인 페르소나와 부캐인 아니무스가 조화를 이룰 때

내 안에 억눌린 아니무스(아니마)를 발견하고 페르소나와 조화시키는 것은, 사회적으로 강요당한 이미지에 억눌린 채 잊혀진 진정한 나의 일부를 발견하는 길이다. 내 안의 억눌린 아니무스를 인정하고 내 일부로서 받아들일 수 있을 때 내 온전한 인격은 더 큰 힘을 발휘할 수 있게 된다.

그 이유는 요즘 유행하는 본캐와 부캐라는 콘셉트처럼 아니마와 아니무스 모두를 나로서 받아들이게 되면, 본캐인 나의 여성성은 물론이고 필요한 순간마다 내 안의 남성성도 부캐처럼 꺼내 쓸 수 있게 되기 때문이다.

나는 유약한 여성으로서의 페르소나로 내 안의 아니무스가 가진 강한 고집과 과감한 결단성을 억누르고 있었다.

첫눈에 반하는 이유

그러나 내 안의 아니무스를 나로 인정하고 나니 사회적으로 일을 하며 생활하는 데 있어서 결정적인 위기 상황을 돌파할 때 필요한 고집과 결단성이 막힘없이 표출될 수 있었다.

첫눈에 반하는 이유: 내 안의 억눌린 아니무스가 너와 닮아서

다시 첫눈에 반하는 얘기로 돌아와 보자.

첫눈에 반한 느낌은 그 사람에게서 오는 것이 아니다. 그 사람의 첫인상이 내 안의 아니마, 혹은 아니무스와 일치한다고 느낄 때 생겨나는 강렬한 느낌이다. 즉, 첫눈에 반한 건 나의 마음속에 억눌린 아니무스와 그가 일치한다는 느낌일 뿐, 그 사람을 진짜 있는 그대로 좋아하는 게 아니기 때문에, 일종의 환상에 불과하다.

융의 이론은 나와 내가 아는 사람들이 첫눈에 반했던 경험을 잘 설명해주었다. 나 역시 어릴 때 첫눈에 반한 사람이 있었다. 그가 노을이 지는 석양 아래 농구를 하고 친구들과 즐겁게 웃는 모습을 보는 순간 내 이상형이라고 느꼈다. 그는 키가 크고 갸름한 얼굴에 서글서글한 눈웃음을 가졌으며 농구를 멋지게 잘하는 선배였다. 친구들의 도움으로 그에게 편지와 함께 음료수를 건넸고 운 좋게 그와 만남이 시작되었다.

첫 느낌이 너무나 특별했던 그였는데, 막상 함께하는 시간은 그다지 즐겁지 않았다. 그가 나에게 특별히 뭘 잘못했다기보다 그를 직접 겪어보니 '내가 처음에 생각했던 이미지를 깬다'는 느낌이 자꾸 들었다. 키가 크고 운동을 잘했던 그의 첫인상을 보고 내가 예상했던 이미지는 강인하고 성숙한 이미지였다. 그런데 그는 삼 형제 중 막내였고 그의 행동 중에는 어린아이처럼 행동하고 애교가 많은 모습이 있었다. 그런 모습이 보일 때마다 계속 뭔지 모를 실망감이 느껴졌다. 내가 고백해서 시작한 관계라는 의무감에 노력을 해봤지만, 결국 그 관계는 얼마 못 가고 끝이 났다.

당시에는 그 경험이 이해되지 않았지만, 융의 아니마와 아니무스 이론을 접하고 보니 다 설명이 되었다. 나는 그에게서 내 안의 아니무스를 찾아내려 하고 있었던 것이다. 그의 첫인상이 매우 강렬했고, 그 첫인상에서 벗어나는 부분이 나타날 때마다 그것을 부정하며 내 안의 아니무스에 애써 끼워 맞추려 하다 보니, 그를 있는 그대로 알아가며 받아들여 주기가 어려웠다.

첫 만남에서 느껴지는 설렘에 휘둘릴 때 우리가 놓치는 것

그때의 경험을 이해한 후로는 누군가를 만날 때 첫눈에 반한다는 느낌이나 감정적 설렘에 크게 마음을 두지 않게 되었다.

신선한 연애의 재미는, 섣부르게 그 사람의 이미지를 미리 재단하지 않고, 시간을 두고 있는 그대로의 상대방의 모습을 알아가는 데 있다.

  사람들은 모두 다 제각각의 특성이 있다. 우리는 자신이 가진 독특함을 누군가 소중히 여겨주고 제대로 알아봐 주기를 간절히 원한다.

  연애할 때 상대를 있는 그대로 받아들여주는 것은 우리가 상대에게 줄 수 있는 가장 큰 선물이다. 그러기 위해서는 애정이 가득한 관심을 기울이면서도 상대방을 나의 기대로 만들어진 틀 안에 가두려 하는 것은 아닌지 주의하는 것이 필요하다.

◆ ◆ ◆

연애할 때 상대를 있는 그대로

받아들여주는 것은

우리가 상대에게 줄 수 있는 가장 큰 선물이다.

04

첫눈에 반했던 사람이 있나요? 있다면 그 사람은 겉보기에 어떤 사람으로 보였나요? 당신은 여성스러운가요? 당신의 여성적인 성향과 반대되는 남성적인 성향은 어떤 면이 있나요?

당신의 여성성이 페르소나를 통해서 드러날 때 그림자 속에 억눌려 있는 아니무스는 첫눈에 반했던 사람의 이미지를 가지고 있을 가능성이 큽니다.

Part
03.

**나는 왜 계속
을의 연애를 할까?**

연애 관계에 있어서 나는 갑일까, 을일까?

① 그 사람의 연락을 항상 기다린다.

② 나에 비해 그는 내게 크게 관심이 없다.

③ 그 사람이 원하는 것과 내가 원하는 것이 달라도 내 주장을 하지 못한다.

④ 그 사람이 헤어지자고 할까 두렵다.

(김달, 『사랑한다고 상처를 허락하지 말 것』)

위의 예시가 자신의 얘기라고 생각한다면 당신은 을의 연애를 하고 있다. 연애를 하다 보면 을의 입장에서 질질 끌려다니는 수동적인 연애를 경험하게 되기도 한다. 상대방이 너무 소중하고 좋아서 그냥 다 맞춰주고, 헤어지자고 할까 봐 전전긍긍하다가 나는 원하지 않는 이별을 맞이하는 연애. 그런 연애는 마음의 큰 상처로 남고, 연애 자체가 너무 힘들다는 관념을 가지게 한다.

연애를 하다 보면 한 번쯤은 이런 경험을 할 수밖에 없다. 어떤 관계에서든지 두 사람이 서로를 똑같은 정도로 사랑하기보다는 더 사랑하고 덜 사랑하는 쪽이 있기 마련이기 때문이다.

하지만 연애 때마다 항상 더 사랑하는 쪽에 속하는 것이 패턴처럼 반복되고 있다면, 그 이유를 곰곰이 생각해봐야 할 필요가 있다. 연애 자체가 원래 그런 것은 아니기 때문이다.

당신이 을의 연애를 하는 이유

계속 을의 연애를 하며 상처받는 사람들은 공통된 원인을 갖고 있다. 그 원인은 바로 그들이 마음 깊은 곳에서는 자신을 귀한 존재로 인정하고 사랑하지 않는다는 것이다.

스스로 의식하고 있거나 그렇지 못하거나 을의 연애를 반복하고 있는 사람은 자신을 사랑하지 않는다. 그렇기 때문에 자신을 상처 주는 방향으로 연애가 흘러갈 때도 그것을 막지 못하고 계속 허용하게 되는 것이다.

나 역시 마음 깊은 곳에서는 나를 사랑하지 못했다. 연애 관계에서 문제가 발생할 때 마음이 문드러질 때까지 참고 내색하지 못했다. 그 상황을 바꿀 엄두도 내지 못했다. 그러다 보니 좋아하던 사람과의 관계가 고통스러운 관계로 변해갔다.

한번은 남편이 운전 중 실수를 해서 위험한 상황이 있었다. 당시 태어난 지 얼마 안 된 아이가 같이 타고 있었던 탓에 한껏 예민했던 나는 그를 한참 닦달했다. 그러자 남편이 말했다.

"내가 잘못한 건 알겠어. 그런데, 꼭 그렇게 몰아붙이듯이 말해야 해? 그런 말을 들으니까 아주 내가 병신이 된 기분이야."

그런 상황이 반복되면서 깨달은 건, 그에게 하는 나의 공격적인 반응이 바로 실수할 때 나 자신에게 하는 반응이라는 것이었다. 몰아세우고, 추궁하고, 한숨짓고 그게 얼마나 중요한 일이었는데 실수했는지 강조하는 식이었다. 조금이라도 내가 실수하거나 부족함이 드러나면 나의 내면에서는 여지없이 나 자신을 정신적으로 때려눕히는 반응이 일어난다는 것을 깨달았다.

"자기 친구가 똑같은 잘못을 했어도 그렇게 대할 거야? 어떻게 사랑하는 사람에게 친구에게 하는 것보다 더 못하게 대해?"

남편의 그 말은 내 상태를 직면하게 했다.
내가 아끼는 친구가 힘들어할 때 우리는 보통 그렇게 질책하지 않는다. 그 상황을 있는 그대로 받아들이면서도 위로하고 힘을 주는 방법을 안다.

을의 연애에서 벗어나고 싶다면 '자기 자비'를 훈련하라

우리 자신에게도 내 친구에게 하는 것처럼 대해 줄 수 있을 때 우리는 스스로 더 행복해지는 것은 물론이고 더 좋은 연인이 될 수 있다. 심리학에서는 이러한 자세를 '자기 자비(self-compassion)' 라고 한다.

미국 텍사스 대학 심리학과 크리스틴 네프 교수의 연구에 따르면 우리는 다른 사람보다 자기 자신에게 훨씬 더 비판적인 경향이 있다. 내 친구가 하면 이해하고 넘어갈 만한 실수나 잘못을 했을 때, 스스로에게는 왜 이것밖에 안 되냐며 몰아붙이고, 이래서 너는 안 된다는 식의 책망을 하게 된다는 것이다.

나 자신을 책망하고 엄격하게 관리하는 것은 내가 더 좋은 사람과 더 좋은 연인이 될 수 있도록 도와줄 것 같다고 생각할 수 있다. 104쌍의 커플을 대상으로 조사한 결과는 그와 반대였다.

설문조사 결과, 자기 자비의 수준이 높은 사람일수록 연인과 안정된 애착을 형성하면서 상대를 편안하게 품어주는 행동을 더 많이 보였다. 또한, 상대를 통제하려고 하거나 공격하려는 말과 행동도 자기 자비 수준이 높은 사람이 더 적게 했다.

누구나 자신에게서 싫어하는 모습이 있을 것이다. 나의 약함, 때로는 악한 모습을 다른 사람은 모를 수 있지만 나 자신은 잘 알고 있기 때문이다.

다른 관계라면 몰라도 연애 관계에서는 자기 자신을 사랑하지 않는다는 것을 상대에게 숨길 수 없다. 부족한 모습을 철저히 숨기며 상대에게 맞추어 주다가도 상대가 자신의 일부와 같이 가까운 존재가 되는 순간, 자신에게 하는 것을 그대로 상대에게 하는 식의 행동을 보이게 되기 때문이다.

정말 좋아하는 친구를 대하듯 자신을 대하는 건 당신이 하는 을의 연애를 바꿀 수 있는 돌파구가 될 수 있다. 자신의 부족하고 어두운 부분을 있는 그대로 받아들이고 사랑하다 보면, 내가 가진 부족함과 비틀림도 인정할 수 있게 된다. 나를 있는 그대로 사랑하고 받아들인 사람은 을의 연애와 같이 상처받는 관계에 있도록 자신을 내버려 두지 않는다.

어떤 이들은 자기 자신에게 엄격한 것과 별개로 상대에게는 자비롭게 행동하려고 노력하고 있다고 말할지 모른다. 그러나, 심리

학 연구 결과는 나 자신에게 먼저 이러한 자비를 베푸는 게 선행
되어야 상대에게도 너그럽게 대하는 것이 가능해진다고 말한다.

자기 자비가 연애에 가져다주는 축복

당신이 자기 자신에게 유난히 엄격한 사람이라면, 연애 관계 안
에서 터놓고 이 문제를 얘기해보면서, 나 자신을 너그럽게 받아
들여 줄 수 있는 과정을 연습해 보는 것을 추천한다.

서로가 사랑 안에서 '너는 큰 문제가 없고 괜찮다'는 것을 확인
시켜 주는 것은 아무리 해도 부족함이 없다. 그런 말을 귀로 직접
듣는 것은 그 사실을 받아들이게 하는 데 큰 도움이 된다. 내 사
랑하는 사람이 해주는 '괜찮아. 그럴 수도 있지.'라는 말은 나 자
신을 있는 그대로 알게 되면서도 그 모습이 사랑스럽게 여겨지는
과정이 시작되는 결정적인 계기가 된다.

자기 자신을 자비롭게 대하면서 임하는 연애는 더 이상 을의 연
애일 수 없다. 그 연애는 누구도 일방적으로 상처받지 않는 평등
한 연애이며, 서로에게 모든 것을 털어놓을 수 있는 깊이 있는 연
애가 된다.

나는 왜 계속 을의 연애를 할까?

05

당신이 힘들 때 자신에게 던지는 비난에는 어떤 것들이 있는지 생각해봅시다. 만약 자신을 친한 친구를 대하듯이 한다면 그 비난들이 어떻게 바뀔까요? 자주 을의 연애를 경험해왔다면 이 부분은 당신에게 매우 중요한 문제입니다.

자기 자비 훈련에서는 자신을 깎아내리고 비난하는 마음속 시도들에 단호하게 '그만! 그건 아니야.'라고 제동을 거는 연습을 시킵니다. 내가 잘못한 일들에 대해 비난하기 전에, 모든 인간이 가진 불완전성과 유한한 존재로서 가지는 한계에 비추어 현실적으로 그럴 수밖에 없음을 이해하고 받아들여 주는 연습도 반복합니다. 자신에게 무자비하게 대하는 모습이 있다면 단호하게 "안 돼!"를 외쳐야 합니다. 혼자 있을 때 소리를 내어 말하거나 혹은 글을 쓰는 과정을 통해서 자기 자비를 훈련해 봅시다.

Box 3

희생이 사랑이라고 생각되는 이유
부모가 기대는 아이였던 당신에게

매번 힘든 사랑을 선택하는 후배가 있었다. 처음에는 바람기가 많은 사람을 만났고, 다음에는 불치병에 걸려서 살날이 얼마 남지 않은 사람을 만나더니, 이번에는 머나먼 남미에서 사업하는 사람을 만나다가 헤어졌다고 했다.

난 연애에 있어서는 항상 사람들을 많이 만나보고, 탐색해보면서 적극적으로 사랑을 알아가는 것을 권하는 편이다. 그러나, 그녀의 경우 뭔가 반복되는 안 좋은 패턴이 보였다.

"너 혹시… 연애가 잘 돼서 결혼하게 되면 집을 떠나게 될까 봐 일부러 진짜 괜찮은 사람은 피하는 거 아니니?"

그녀가 행복하기를 바라며 용기를 내어 그 생각을 털어놓았다. 그녀는 충격받은 듯했지만, 내 말을 부정하지는 못했다. 우리 둘다 그 이유가 그녀의 가족 안에 있다는 것을 느끼고 있었기 때문이었다.

가족, 그리고 연애

나는 주변 사람들과 그들의 부모님, 가족에 대해 얘기 나누는 걸 좋아한다. 그러다 보면 그 사람이 자라난 분위기 속에서 그가 가진 근본적인 두려움, 바람(Hope), 사는 방식을 더 잘 이해할 수 있기 때문이다.

사실 문제없는 가족은 없고, 어린 시절부터 지속되어 온 가족 안의 문제는 그 사람의 심리적 문제를 이해하게 해주는 가장 중요한 원천이다.

친구가 가족 이야기를 할 때면 그의 어머니가 일상적인 문제부터 중요한 결정에 이르기까지 딸인 그녀에게 지나치게 의존하는 관계라는 것이 느껴졌다.

"사실 엄마가 지금은 건강하시지만 어릴 때 크게 아프셔서 시한부 선고를 받으셨었어요. 6개월 안에 마음의 준비를 하라고 했는데 독하게 치료받고 재활하셔서 이겨내셨어요. 지금도 엄마는 하루도 빠짐없이 정말 열심히 건강관리를 하세요."

항상 밝고 씩씩한 후배였지만, 어릴 때 힘든 일을 겪었다고 했다. 아이에게 엄마가 아프다는 것은 하늘이 무너지고 세상이 뒤집히는 것과 같은 엄청난 위협이다.

그 당시 그녀의 아버지는 마음이 너무 여리셔서 본인이 무너지는 모습을 보였다. 그녀는 누구도 의지할 수가 없었다. 가족 안에 있는 어려움을 주로 감당하는 역할을 맡게 된 건 장녀인 그녀였다. 그 이후로 줄곧 집안일을 하고 동생을 돌보는 것은 물론, 집안에 힘든 일이 생겨도 엄마가 신경 쓰지 않도록 본인이 해결하게 되었다고 했다.

어린 시절의 부모화가 연애에 남기는 흔적

발달심리학에서는 이런 현상을 '아동의 부모화(Parentification)'라고 한다. 아이가 어릴 때부터 성숙하게 행동하기를 강요당하고, 본인이 돌봄을 받아야 할 시기에 본인의 형제나 부모를 돌보는 '부모 역할' (혹은 집 안에서 본인과 동성인 부모 자리를 메꾸어주는 배우자 역할, 즉 딸에게 엄마 역할, 아들에게 집 안의 가장 역할)을 수행하게 되는 현상을 말한다.

아동은 태어날 때부터 부모에 대한 충성심과 깊은 애정을 품고 있다. 그렇기 때문에 분명 자기 능력을 넘어서는 일인데도 그들은 가족 안에서의 돌봄 요구를 거절할 수가 없다.

부모화에는 집안일, 형제 돌보기 등 특정일을 떠맡기는 경우와 부모의 조언자가 되거나 정서적 위로자의 역할을 떠맡게 되는 두 가지 유형이 있다.

두 가지 유형 모두 아이의 입장에서는 엄청난 부담과 스트레스로 작용하게 된다. 부모화의 영향으로 이어지는 어려움 중 하나가 건강하지 못한 인간관계를 맺게 되는 것이다. 어린 시절부터 본인의 욕구를 참고 희생하는 것이 사랑이라고 프로그래밍 된 탓에, 계속 본인이 괴로운 연애를 하면서도 그것을 끊어내지 못하고 오히려 사랑이라고 여기게 되는 것이다.

친구는 성인이 된 지금도 부모를 본인이 돌보는 역전된 부모 역할을 이어가고 있었다. 그녀가 명확히 의식하지는 못했지만, 어릴 때부터 지금까지 엄마를 포함한 모든 가족이 그녀에게 지나치게 의지하고 있었다.

그렇기 때문에 독립은 생각도 할 수 없었다. 이런 부담으로 인해 연애 관계에서 본인과 정말로 결혼할 수 있는 남자가 다가올 때면 자기도 모르게 회피하게 됐던 것이다. 그러면서도 마음 깊은 곳에서는 태어나 한 번도 본인이 진짜로 사랑받아 본 적이 없다고 느끼고 있었다.

나의 정서적 부모화

사실 나에게도 어릴 적 '정서적인 부모화'의 경험이 깊숙이 남아 있었다. 어릴 때 우리 부모님은 거의 매일 싸우다시피 하셨다. 자존심이 강한 엄마는 다른 사람에게는 말을 못 한다며 항상 나에게 상담하듯이 마음속에 있는 아빠에 대한 불만과 힘겨움을 털어놓으셨다.

"너에게 얘기하고 나면 뭔가 풀리는 기분이야."

어릴 때는 그게 칭찬이라고 생각해서 엄마의 이야기를 더 열심히 들어주고, 그 문제를 내가 위로하고 해결해 줄 수 있는 방법이 무엇인지 정말 많이 고민했었다. 무의식중에 내가 이 일을 잘해내면 부모님의 관계가 유지되고 잘 해내지 못하면 깨어질 것만 같은 불안감도 안고 살아갔다.

커가면서도 계속 엄마의 입장과 아빠의 입장을 정리하는 중재자 역할을 해야 했다. 당시는 그냥 그래야 하나 보다 하고 생각할 뿐 특별히 힘들다는 자각은 없었다. 전형적인 부모화의 두 번째 유형인 정서적 위로자의 행동이 나에게 나타나고 있었고, 부모의 문제를 나에게서 분리하는 데 한동안 어려움을 겪었다.

희생이 사랑이라고 생각되는 이유

이런 경험은 나의 안 좋은 연애 패턴으로 나타났다. 내 문제는 주로 남자친구에게 불만이 있는 것을 표현하지 못하는 데서 생겨났다. 마치 '1주년 징크스'가 있는 것처럼 내가 만나는 남자친구와 1주년이 지난 직후 헤어지고는 했다. 남자친구를 만나면 처음에는 서로 너무 좋아서 사귀지만, 시간이 지나면서 이런저런 문제들이 생겨날 수밖에 없다. 그때마다 어떤 불만이 있는지 말을 못 하고, 참고 참다 보면 결국 1년쯤 되는 시점에 더 이상 견디지 못하고 헤어지자고 말하게 되는 것이다.

당시 내 남자친구는 갑작스러운 이별 선언에 너무 당황해하며 그렇게 힘들어하는 줄 전혀 몰랐으니 다시 잘해볼 기회를 달라고 했다.

이런 경험이 몇 번 반복되자 연애 관계에서 갈등하거나 싸우는 상황을 극구 피하려 하는 나의 모습을 돌아보게 되었다.

'그냥 힘든 부분을 남자친구에게 말하면 되는데, 나는 뭐가 그렇게 힘들고 무섭고 피하고 싶은 걸까?'

그 이유를 따라가 보니 내가 집 안의 중재자로서 부모님의 끝없는 다툼을 보고 듣는 데서 느낀 스트레스와 거부감이 크다는 것을 깨닫게 되었다. 나는 절대로 우리 부모님처럼 다툼이 가득한 연인 관계를 만들고 싶지 않다는 마음이 너무 강했던 나머지, 마땅히 커플 사이에 있을 법한 의견충돌이나 싸우면서 서로 맞춰가는 과정까지도 피하고 있었던 것이다.

그런 회피는 연인과 건강한 관계를 만들어가는 데 결정적인 걸림돌이 되었다.

부모화 극복기

시간이 흐른 뒤에 엄마가 아빠와의 다툼을 털어놓았을 때, 용기내어 말했다.

"엄마, 나에게 아빠에 대한 안 좋은 얘기들을 이렇게 하는 게 적절하지 않은 거 같아요. 내가 엄마에게 그 얘기를 들으면 아빠를 미워하는 마음이 들거든요. 그런데 그럴 때마다 그래도 아빠는 우리 아빠이기 때문에 내 마음이 많이 힘드네요."

엄마는 내 말에 충격을 많이 받으신 거 같았다. 그동안 너무 미안했다고, 생각해 보니 내가 너에게 그러지 말았어야 했다며 사과하셨다. 부모님의 관계는 부모님의 관계이고, 내 관계는 내 관계로 분리되어야 한다.

나는 부모화의 그늘에서 벗어나 적당히 잘 싸울 줄 아는 것이 건강한 관계를 위해 중요한 기술이라는 사실을 인정하고 받아들였다. 내가 가진 싸움에 대한 비정상적인 회피를 의식한 뒤부터는 불만에 대해서 의식적으로 상대방에게 표현하기 시작했다. 표현한 후에는 내가 두려워하는 결과가 나타나는지를 가만히 관찰했다. 스스로 심리학 실험을 한 것이다.

"혹시 내가 불만이 너무 많다고 생각해?"

내가 조심스럽게 물었을 때 의외로 남친의 반응은 대수롭지 않았다.

"아니, 뭐 그렇게 느꼈을 수 있겠다고 생각했는데?"

내가 느끼던 엄청난 두려움과는 다르게 불만을 표현한 결과는 그리 나쁘지 않았다. 나도, 그리고 상대방도 그걸 계기로 그동안 서로에게 잘 보이고 싶어서 말하지 못했던 솔직한 속내를 이야기할 수 있었다.

그렇게 무조건 상대의 기분에 맞춰주면서 불만을 말하지 못하게 나 자신을 옭아매던 마음의 사슬 하나가 끊어졌다.

아직도 나의 기본 성향은 다툼을 피하는 쪽이지만, 갈등 상황을 만들거나 싸우게 되느니 차라리 그냥 헤어져 버리고 싶다는 마음을 내 모든 에너지를 짜내서 꾹 누른다. 구차하다고 느껴지던 밑바닥의 불만들을 말로 표현해낸다.

이제는 연애 안에서 부딪히게 되는 크고 작은 문제 앞에서도 헤어짐보다 다툼과 맞춰감을 선택할 수 있게 되었다.

어린 시절의 애착, 내 모든 연애 관계의 원형

심리학의 애착 이론은 어린 시절의 양육자와의 1:1 관계가, 성인이 되어서 맺는 연인관계의 원형이 된다고 강조한다. 태어나 처음 맺는 양육자와의 관계를 통해서 안정적인 사랑을 경험한 사람은 커서도 그 패턴을 따르게 되어 안정적인 연인관계를 형성하게 될 가능성이 크다.

그러나, 어릴 때 양육자가 어려운 상황이나 본인의 정신적 문제 등으로 인해서 아이와 불안정한 애착 관계를 형성하게 되면, 아이는 커서도 또 다른 애착 관계인 연인과 건강한 관계를 맺는 것이 힘들어질 가능성이 커진다.

내가 여기서 '가능성'이라고 말하는 이유는 성인이 된 당신에게는 여기서 벗어날 기회가 주어지기 때문이다.

　　　　　　　　　　　　　　　　희생이 사랑이라고 생각되는 이유

어릴 때의 비뚤어진 관계가 커서의 연인관계까지 이어진 경우, 자신을 있는 그대로 가치 있는 존재라고 느끼는 자존감까지 떨어진다. 자존감이 낮은 사람은 다른 사람이 본인을 함부로 대하는 것에 반박하지 못하고 그런 대우를 받아들이는 방식으로 반응하게 된다. 자신을 진심으로 사랑하는 다른 사람의 마음을 있는 그대로 받아들이는 것 역시 어렵다. 나도 모르게 나 같은 사람을 사랑할 리가 없다고, 나를 진짜 잘 알게 되면 마음이 떠날 거라고 생각하게 되기 때문이다.

당신의 어린 시절에 부모화의 상처가 있었다면 내 지난 연애를 가만히 되돌아보며 나를 힘들게 하는 패턴을 찾아보자. 그 패턴을 설명할 수 있는 내 어린 시절의 경험이 있지 않은가? 그렇다면, 그 경험에 대한 성찰을 바탕으로 그 패턴을 조금씩 벗어나려고 시도해보자. 상대방에게 당신의 어린 시절 그런 패턴이 있었음을 털어놓는 건 당신의 시도에 힘을 실어줄 수 있다.

부모화를 겪은 당신에게 변화의 기회가 있다

결코 쉽지 않은 과정이지만, 연인관계에서 안정된 애착 관계를 맺는 것은 어린 시절의 불안정한 애착 관계가 주는 어두운 그림자에서 벗어날 기회다.

심리학 연구 결과를 보면, 어린 시절의 애착 관계가 불안정했던 것과 상관없이, 연인관계에서 안정 애착을 형성한 어른은 적응에 능숙해지고 일상에서의 행복을 되찾을 수 있음을 보여준다.

어린 시절에 마음속에 깊고 어두운 상처를 받았더라도, 사랑에 있어서는 재기할 수 있는 '두 번째 기회'가 주어지는 것이다.

두 번째 기회를 잡은 당신에게 과거의 나쁜 경험은 더 이상 당신을 힘들게 만들지 못한다. 오히려 그 경험은 당신이 지금의 안정된 관계를 당연히 받아들이기보다 너무나 소중하다고 느끼게 하는 긍정적인 역할을 한다. 그 경험을 잘 소화해낸다면 그런 경험이 없는 사람보다 상대방에게 더 좋은 연인이 될 수 있기 때문이다.

희생이 사랑이라고 생각되는 이유

◆　◆　◆

자신을 진심으로 사랑하는 다른 사람의 마음을

있는 그대로 받아들이는 것 역시 어렵다.

나도 모르게 나 같은 사람을 사랑할 리가 없다고,

나를 진짜 잘 알게 되면 마음이 떠날 거라고 생각하게 되기 때문이다.

MBTI로 보는
나와 당신의 연애 유형

최근 MBTI 성격검사가 인기다. 인기 예능 프로그램에서 MC 인 유재석 씨의 유형이 ISFP라는 것이 관심을 모으더니, 온라인 MBTI 검사를 통해서 "넌 ENTJ? 난 ISFJ!"와 같은 성격 유형의 분류가 일상 언어가 되고 있다.

용의 성격 이론을 계승하여 마이어와 브릭이 개발한 MBTI는 사람의 성격을 선호하는 경향에 따라 외향(E)-내향(I), 감각(S)-직관(N), 사고 중시(T)-감정 중시(F), 판단 중시(J)-인식 중시(P)의 네 가지 기준, 16가지 타입으로 분류한다.

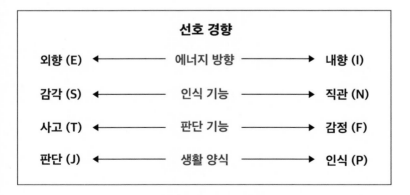

[그림 3] MBTI 분류의 네 가지 기준
(Myers, Kirby, & Myers, 1998; 박지선, 2022. 네이버 심리학 용어사전 MBTI)

나는 INFJ, 당신은 ESFJ

난 MBTI 유형으로 보면 INFJ이다. '선의의 옹호자'라고 이름 붙여진 유형으로 진지하게 의미 있는 인생을 추구하는 타입이다. 두 사람이 서로 깊이 연결된 연애를 추구하기 때문에 연애 자체에도 시간이 걸린다. 그 정도 깊이가 아니라면 시작조차 하지 않고 마음의 문을 닫는다.

하지만, 한 번 그 연결이 시작되면 시간을 들여 정성스럽게 가꾸어 나가며 상대방에게 진심 어린 관심을 가지기 때문에, 진짜 이해받고 사랑받고 있다는 느낌을 진하게 안겨준다. 무엇보다 INFJ는 심리학에 관심이 많다는 대목에서 웃음이 터져 나왔다.

나에게 종종 연애 상담을 해오던 학생의 타입은 어떤지 궁금해졌다. 그 학생은 '외교관'이라고 불리는 ESFJ였다. ESFJ에게 사랑을 하고 가족을 이루는 일은 인생에 그 어떤 영역보다 중요하며, 그에게 연인은 흔들리지 않는 지지와 사랑을 보내주는 굳건한 중심축의 역할을 한다.

그의 연인의 애정이 흔들리거나 그를 공격하면 인생 전반이 흔들리고 그의 모든 것이 사정없이 무너져버리게 될 만큼 크게 영향을 받게 된다. 사랑이 그렇게 중요한 만큼 연애를 할 때 '끝까지 변하지 않을 사람인가?'라는 확신이 중요하고 그렇지 않을 때 크게 상처받을 수 있는 유형이다.

MBTI 유형에 따른 연애 어드바이스의 변화

이 결과를 보고 나니 그가 "나에게 맞는 사람이 어떤 사람인지 알아가기 위해서 폭넓게 사람을 만나보는 게 필요하다"라는 조언을 받아들이기 어려워하는 것이 이해되었다. 평소 외향적이면서도 감각적으로 민감하고, 상대방의 기분을 잘 느끼는 ESFJ의 성향상 그는 주변 사람들의 반응과 상황의 영향을 크게 받는다. 가깝지 않은 관계의 사람에게도 많이 휘둘리는데, 그가 사랑하는 사람이 부정적으로 반응한다면 헤아릴 수 없이 큰 상처를 받게 되기 때문에 신중한 것이다.

그러나, 경험하지 않으면 결코 알 수 없는 영역이 바로 연애이다. 겪어보지도 않고 나와 끝까지 갈 상대를 고를 수는 없다. 결정적인 문제로 그는 자신이 어떤 사람인지, 어떤 사람과 잘 맞는지, 어떤 연애를 원하는지 모르고 있었다. 연애를 하다 보면 받게 되는 작은 상처를 계속 피하기만 하면, 관계 안에서 진짜 원하는 것이 무엇인지에 대한 정보를 얻을 수 없게 된다. 이런 상태에서 결혼과 같은 인생의 큰 결정을 내리게 된다면 평생을 후회하게 될 수도 있다.

그에게 안전한 테두리 안에서 상대방을 알아가는 방법을 알려주기로 했다. 그 방법은 진지한 연애로 접어들기 전, 친구로서 알아가는 단계와 썸의 단계를 적극 활용하는 것이었다. 아직은 연애가 시작되지 않아 크게 상처받지 않는 단계에서, 나와 상대방의 케미스트리를 알 수 있는 기회가 의외로 많기 때문이다.

어장관리와 썸타기의 차이

평소 남을 민감하게 배려하는 성향상 그는 '어장관리'로 대표되는 태도인 '가능성 없는데 있는 것처럼 보이는 행동'을 지나치게 경계하고 있었다. 자신에게 조금이라도 호감이 있어 하는 이성이 있는데 자신은 첫인상에 호감이 느껴지지 않으면 바로 철벽을 쳐버렸다.

주변 사람들에게 민감한 그의 성격상, 상대가 자신에게 관심이 있는 것 같다고 느꼈다면 그 사람은 실제로 관심이 있었을 것이다. 그러나 그 사람이 어떤 사람인지, 실제로 나와 잘 맞는지는 순간적인 매력이나 인상만으로 알아낼 수는 없다.

모든 이성을 대할 때 이 사람이 '여자, 남자'이기에 앞서 '인간'이라는 사실을 잊지 말아야 한다. 이성적 매력이 사라졌을 때, 이 사람이 인간적으로 어떤 사람인지는 장기적인 관계를 이어가는 데 있어 매우 중요한 요소다. 이성으로서 강렬한 끌림이 없다고 해서 그 사람과 친구로 알아가는 과정까지 차단하는 것은 좋지 않다. 좋은 인연의 가능성을 순간적인 판단으로 놓쳐버리는 결과로 이어질 수 있다.

연애에 있어서는 어느 정도의 지식이 아니라 실제 경험이 필수적이다. 경험을 통해서 자신이 원하는 관계와 원하지 않는 관계, 내가 맞춰 갈 수 있는 사람과 절대로 맞추어 갈 수 없는 사람이 어떤 사람인지를 알아가야 한다.

논리적으로는 설명할 수 없는 내 선호까지 반영하는 데이터베이스가 있어야, 진짜 원하는 연애를 위한 옳은 결정을 내릴 수 있기 때문이다.

이 과정은 누구도 피할 수 없다. 그러나 그 경험의 깊이는 성격에 따라 약간은 조절될 수 있겠다. 그 예로 MBTI 유형을 알게 된 후 그에게 더 이상 폭넓게 연애하라는 얘기는 하지 않게 되었다.

"선생님, 상대방이 나에게 호감이 있다는 것을 미리 눈치챘을 때 철벽은 치지 마세요. 그 사람이 내 연인이 되기 전에 인간 대 인간 으로 그냥 그 사람을 알아갈 수 있는 기회를 갖는 건 중요해요. 표 면적으로만 아는 지인, 가깝지는 않지만 서로 정보를 주고받는 친 구, 속을 다 털어놓을 수 있는 친구 등 친구와 연인 사이에 수많은 관계의 스펙트럼이 있는데, 선생님은 너무 친구, 혹은 연인으로 초반부터 관계를 정리해 버리는 경향이 있어요. 나중에 내가 연애 하고 싶은 사람이 나타났다면 그것을 공표하고 다른 사람들에게 는 여지를 주지 않는 것이 서로를 배려하는 행동이에요."

"네, 맞는 말씀이세요. 다만, 서툴게 행동하다 괜한 상처를 주 게 되는 건 아닐지…."

"그렇지만 내가 사귀는 사람이 생기기 훨씬 전부터 모든 관계 를 차단한다면, 지금의 편견에 갇혀서 아직 알지 못하는 좋은 가 능성을 가진 사람들까지 차단하는 결과를 얻게 돼요. 다음에 선 생님에게 먼저 다가오거나 소개팅을 받는 사람이 있다면, 첫인상 이 마음에 들지 않는다 해도 품성만 괜찮다면 최소한 세 번은 만 나며 알아가 보세요."

이제 그는 자신에게 다가오는 사람이 인간적으로 괜찮은 사람이라면 최소한 세 번은 만나본다. 그러면서 결국 연애로 이어지지는 않는 경우일 때도 그 사람과의 만남을 통해 과거의 자신이 했던 잘못된 행동을 돌아보는 데 도움이 된다는 것을 발견했다고 했다.

그에게 좋은 연애를 위해 필요한 퍼스널 데이터베이스가 축적되는 과정이 시작되고 있었다.

심리학계에서 인정받는 성격검사는 따로 있다

사실 심리학에서 학술적으로는 MBTI 검사가 두 가지 이유에서 별로 인정받지 못한다.

첫 번째 이유는 MBTI의 개발 과정이 과학적 방법론보다는 신화나 소설에서 등장하는 주요 캐릭터들의 성격을 유형화하는 개인의 통찰에서 비롯되었다는 데 있다.

두 번째 이유는 복합적이고 양면적인 존재인 사람을 한 가지 타입으로 가둬두는 것은 부정확하기 때문이다.

내 MBTI 성격검사 결과는 할 때마다 조금씩 바뀌어서 검사를 신뢰하지 못했다. 어떨 때는 내향적인 것으로 나오고, 다른 때는 외향적인 것으로 나오는 등 내 성격이 뚜렷하게 한쪽으로 치우치기보다 경계선에 있기 때문에 상황이나 내가 맡고 있는 역할에 따라 달라지는 것 같았다. 나의 외향성−내향성 검사 결과를 유형이 아닌 점수로 보면 외향성이 높지도 낮지도 않은 중간 점수가 나왔다.

사람의 양면성을 인정하는 특질 이론

그런 면에서 사람의 성향이 가지는 양면성을 인정하는 특질 (Trait) 이론은, 나처럼 이럴 때도 있고 저럴 때도 있는 사람의 성격도 더 잘 설명하고 있다. 특질 이론에 근거해서 심리학자들은 성격을 나타내는 언어 중 공통된 것들을 묶어 보는 방법을 통해서 사람들이 가진 대표적인 성격 특징을 알아냈다. 다섯 가지로 정리된 성격 특징은 1) 외향성, 2) 불안을 느끼는 정도, 3) 남에게 맞춰 가려는 정도, 4) 경험에 대한 개방성, 5) 성실성이라는 차원에서의 차이로 나타났다. 이 결과는 전 세계 사람을 대상으로 한 연구 결과이기 때문에 시간이나 상황에 따라 변하지 않는 검사 결과를 나타내어서 심리학계의 폭넓은 지지를 받고 있다.

특질 이론은 사람의 성격은 무 자르듯 외향성 아니면 내향성 이렇게 구분되는 것이 아니라 양면적이라고 말한다. 즉 누구나 어떤 때는 내향적이고 다른 때는 외향적인 성향을 둘 다 가지고 있지만, 좀 더 자주 나타나는 성향이 있는 것이라고 설명한다.

내 경우 가깝고 편한 사람들과 있을 때는 말도 많고 사회적이지만, 처음 만나는 사람과 있을 때나 일을 할 때 등 다른 상황에서는 내향적인 성향이 나타나는 경우가 더 많기 때문에, 내향적인 성향이 조금 더 높은 것으로 분류되는 것이다.

그런 의미에서 Big 5 성격검사와 같이 특질 이론에 의한 검사는 실제 내 매일의 일상과 상황에 따라 유연하게 반응하면서도 그 안에서 일정한 특성을 가지는 자신의 성격을 정확하게 측정하는 데 더 적합하다.

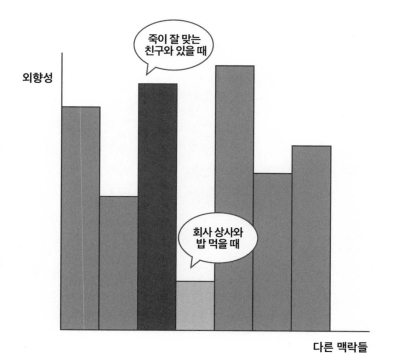

[그림 4] 특질 이론에 따른 상황마다 다르게 나타나는 내-외향성 정도

MBTI와 같이 성격을 양면적 특성 중 어느 한 가지로 규정하고 그 결과를 유형화해서 보는 것은, 정확성은 조금 떨어진다고 해도 내 성격을 통합적으로 파악하는 데는 도움이 된다. 사람의 마인드는 특질 이론의 결과와 같이 확률적으로 생각하는 기능이 약하기 때문이다.

오랜만에 다시 했던 MBTI 검사는 일반적인 사람들이 갖는 성향에 대한 60개의 질문을 통해서 나의 성격과 행동의 특징, 직장생활뿐 아니라 내가 연애 관계에서 어떤 스타일인지까지 속속들이 예측하여 나를 소름 돋게 했다. 유형화된 검사 결과를 통해서 전체적인 성격 특성에 대해 이해하고 나면 A나 B 중 하나로 결정해야 하는 선택의 기로에서 내 성격에 맞는 선택을 하는 데 도움이 된다.

모두가 성격검사를 하면 좋겠다

심리학자로서 누구에게나 성격검사를 해보라고 자신 있게 권한다. 연인끼리 함께 검사하고 서로의 성격검사 결과를 공유하는 것은 매우 유익하다. 성격검사를 지나치게 맹신하여 사람을 그 유형에 가두지 않는다는 전제하에, 성격검사는 우리가 서로의 차이를 명확하고 쉽게 이해하는 방법이다.

친구들 모임에서 다 같이 성격검사를 하고 나면 항상 분위기가 훈훈해진다. 뭔가 서로를 더 잘 알게 된 거 같고, 평소에 서로 다르다고 느꼈던 많은 부분이 설명 되면서 신기하다는 반응이 많다.

우리는 자기도 모르게 다른 사람이 나와 같다는 착각 속에 빠지고는 한다. 그 착각 속에서 상대방에게 그릇된 기대를 하고 서운해하거나 상대방의 방식이 잘못되었다고 비난해서 상처를 주고받는 일이 많다. 성격검사를 통해 서로의 성향이나 반응하는 방식이 다르다는 것이 명확히 드러나게 되면, 우리는 이런 착각에서 깨어나는 자유를 맛보게 된다.

성격은 '감각적, 인지적, 감정적 차원을 모두 아울러서 사람의 평생에 걸쳐서 변하지 않는 특성'을 정리한 것이다. 내 자신을 다른 사람으로 바꿀 수는 없기에 나의 특성을 알고 나에게 다가오는 사람과 상황을 느껴보면서 선택해 나가다 보면, 자신에게 가장 맞는 선택을 할 수 있게 된다.

내 인생이 평생 어떤 흐름으로 갈지 궁금한가?

운명이나 사주보다 그것을 더 잘 알려줄 수 있는 것이 내 성격을 아는 것이다. 성격이란 '평생 변하지 않는 심리적 특성'만을 정리한 것이기에 내 성격을 알면 내가 선택하게 되는 인생의 길이 보인다.

✦　✦　✦

우리는 자기도 모르게
다른 사람이 나와 같다는 착각 속에 빠지고는 한다.
그 착각 속에서 상대방에게 그릇된 기대를 하고
서운해하거나 상대방의 방식이 잘못되었다고 비난해서
상처를 주고받는 일이 많다.

아직 본인의 성격이 어떤 유형 혹은 특질을 가졌는지 모르고 있다면, 대중적인 MBTI 검사나 학술적 신뢰도와 타당도가 공인된 Big 5 성격검사를 해보기를 권합니다.

① MBTI 성격검사

② Big 5 성격검사

Box 4

부정적 성격이 존재하는 이유

'난 왜 이럴까?'

'저 사람은 너무 성격이 이상해.'

누구에게나 알면서도 바꿀 수 없는 부정적인 성격이 존재한다. 우울함, 불안함, 예민함, 남을 의심하거나 탓하는 성향, 남을 조종하려는 성향, 공격적인 성향 등이 정도의 차이가 있을 뿐 우리 안에 조금씩 존재한다.

내 경우 내 능력에 대한 다른 사람들의 평가를 지나치게 의식하는 성격을 가져 스스로 피곤하게 산다. 모든 사람이 밝고 원만한 성격을 가졌다면 연애 관계도 순조롭고 세상 사람들 간의 갈등이 확 줄어들 터인데, 왜 우리들 내면에는 부정적인 성격이 존재하는 것일까?

힘든 시간에서 살아남는 과정에서 생겨나는 부정적 성격

개개인들이 가진 이상한 성격들은 사실 본인이 자라온 환경에서 살아남기 위해 발달한 경우가 많다. 『피해의식의 심리학』 저자이자 심리치료사인 야야 헤롭스트는 우리 안의 부정적 성격은 언제나 힘든 시간으로부터 어떻게든 살아남기 위한 과정에서 자리 잡게 된다고 말한다. 거친 환경에서 자란 사람은 거기에 눌리지 않기 위해 필요한 공격성을 키우게 되고, 형제가 많은 집에서 치이면서 자라난 사람은 눈치가 빠르다.

부정적 성격은 유전적으로 결정되는 감각적 예민함에 의해서 결정되기도 한다. 대표적인 예시인 쉽게 불안을 느끼고 부정적이며 걱정이 많은 성격은 우리 인구집단 안에서 세대를 이어가며 꾸준히 유지되어 왔다. 심리학 연구 결과들은 그런 성격이 개인의 '행복'에는 도움이 되지 않지만 거친 환경에서 살아남는 데는 유리하다는 것을 보여준다.

최근 영국에서 50만 명이 넘는 대규모 성인을 모집한 UK 바이오뱅크 연구 결과에 따르면, 불안하고 걱정이 많은 성향인 신경증 점수가 높은 사람들은 그렇지 않은 사람보다 더 오래 살 가능성이 높았다. 질병에 의한 사망률에 있어서 신경증이 높은 사람은 낮은 수치를 보였고, 특히 암, 심혈관 질환, 호흡기 질환에 의한 사망률이 낮았다.

즉 이런 성격은 자신의 몸 상태에 문제가 생겼을 때 빠르게 발견하고 치료하는 데 도움이 되어 인류 안에 남게 된 것이다.

우울한 성향이 유지되는 이유

우리를 가장 힘들게 하는 감정적 성향 중 하나인 '우울'도 나름 하는 역할이 있다. 우리는 평소 우울증 등 정신질환을 앓는 사람들이 현실 인식을 정확하게 못 하고 매사를 부정적으로 받아들인다고 생각한다. 그러나 연구 결과는 반대다. 우울하지 않은 사람보다 우울한 사람들이 현실을 정확하게 인식할 수 있는 능력이 뛰어나다는 점을 보여준다.

미국 UCLA 대학 심리학과의 셜리 테일러 교수는 우울증이 있는 사람, 없는 사람, 그리고 그 사람의 주변 사람들을 함께 모집하여 연구하였다. 연구 참가자들에게 그 사람이 얼마나 친절하고, 따뜻하며, 자기 주관이 뚜렷한지에 대해서 스스로와 주변 사람이 동시에 평가하게 하고 그 특성들 중 어떤 부분이 가장 중요하다고 생각하는지도 응답하게 했다.

부정적 성격이 존재하는 이유

연구 결과, 우울증이 있었던 사람들은 주변 사람들의 평가와 자신에 대한 평가에 차이가 없었다. 우울증이 없었던 사람들은 주변 사람들보다 자신을 더 좋게 평가했고 자신의 장점이 단점보다 더 결정적인 면이라고 생각하는 경향을 보였다.

우울증이 있는 사람과 없는 사람을 대상으로 취업, 복권 당첨 등 우리 인생에서 일어날 수 있는 다양한 일들에 대해서 그 일이 내 노력에 따라 달라질 수 있는 일인지, 운에 의해서 좌우되는 일인지를 평가하게 한 연구도 있었다.

이 연구에서도 마찬가지로 우울증이 있는 사람들은 현실적으로 그 일이 일어날 확률에 가까운 평가를 했고, 우울증이 없는 사람들은 내가 노력하면 이룰 수 있는 확률을 과대평가했다.

이처럼 우울증이 있는 사람들은 그렇지 않은 사람들보다 정확히 현실을 인식한다. 그 결과 개인적으로 우울해질 가능성은 크지만 사회구성원으로서 그들은 정확한 현실 인식을 기반으로 옳은 의사결정을 하는 데 보탬이 되는 역할을 한다.

인류의 생존을 위해 필요한 부정적 성격

우리의 환경은 끊임없이 변화한다. 낙천적인 사람이 잘 살 수 있는 풍요롭고 안정적인 시기가 오기도 하지만, 우리가 겪은 IMF 금융위기나 코로나 사태와 같이 위기 속에 현실적인 상황을 냉정하게 파악해야 하는 시기도 있다. 인간이라는 종을 유지하는 생존의 법칙은, 성격적인 다양성을 최대한 유지하면서 우리 인류가 변화에 대처하고 살아남도록 돕는다.

나쁜 성격을 부정하고 억누르기만 한다면, 내면이 깊이 연결되는 연애 관계를 맺기가 어려워진다. 심리적 문제를 해결하는 데 있어 시작은 언제나 '나를 있는 그대로 인정하고 받아들이는 것'이다. 누구나 스스로와 주변을 힘들게 하는 부정적인 성격을 가지고 있다. 내가 가진 부정성을 인정하고 그것이 언제 어떻게 나타나는지를 의식할 수 있다면, 어느 정도의 연습을 통해 조절해나갈 수도 있게 된다.

부정적 성격이 존재하는 이유

내가 싫어하는 나의 부정적 성격에는 어떤 것들이 있을까요?

그 성향이 내 어린 시절의 적응에 도움이 되었던 부분은 무엇일까요?

사회적으로 유지가 되었던 이유는 무엇일까요?

나의 부정성이 나타나는 순간을 스스로 관찰하고 기록해봅시다.

그것을 없애려 하기보다는 받아들이고 조절하는 방법들을 터득해나

갑시다.

소시오패스 감별법

심리치료사인 마사 스튜어드는 거대 금융사기 혐의로 재판을 받는 소시오패스의 심리적 문제를 진단하게 위해 감옥에서 인터뷰를 하게 되었다. 스튜어드는 그에게 물었다.

"당신이 인생에서 가장 원하는 것이 있다면 그게 무엇인가요?"

"그것은 다른 사람들로부터 동정을 얻는 것이지요."

그의 대답은 전혀 예상 밖이었고 깨달음과 경악을 불러일으켰다. 그가 궁극적으로 원하는 것은 돈이나 권력, 명예가 아니었다. 선하고 권위 있는 사람들에게 동정을 얻어서 남을 조종하고 괴롭히며 자신이 원하는 것까지 얻어내는 게임을 계속하는 것이었다.

소시오패스 진단 기준

소시오패스는 전 세계 인구의 4%를 차지한다. 우리 주변의 25명 중 1명은 소시오패스이고, 살면서 이런 유형의 사람을 한 번쯤은 만나게 된다는 뜻이다.

당신이 소시오패스에 대한 사전정보 없이 그의 타깃이 된다면 수없이 본인을 자책하다가 파괴적인 결과에 이를 수 있다. 그런 일이 생기기 전 우리 곁에 있는 소시오패스의 정체에 대해서 알아보는 기회를 갖는 것은 매우 중요하다.

세계적으로 공인된 미국 심리학회의 소시오패스(정식 명칭은 반사회적 성격장애) 임상 진단기준 (DSM-6)에 따르면 아래 일곱 가지 특성 중 적어도 세 가지 이상이 나타날 때 소시오패스로 진단될 수 있다.

1. 사회 규범에 순응하지 못함

2. 기만적이고 간교함

3. 충동적이고 미리 계획하지 못함

4. 화를 잘 내고 공격적임

5. 자신이나 다른 사람의 안전을 전혀 개의치 않음

6. 시종일관 무책임함

7. 다른 사람을 해하거나 무언가를 훔친 뒤에도 가책을 느끼지 않음

『당신 옆의 소시오패스』의 저자인 마사 스튜어드가 소시오패스 재소자와의 면담과 피해자 상담을 통해 파악한 소시오패스의 핵

심적 특징은, 그들이 무슨 짓을 해도 '양심'에 의한 마음의 거리낌이 전혀 없다는 것이다. 자기가 무슨 짓을 하든 죄의식이나 가책을 느끼지 않고, 낯선 사람은 물론 친구, 심지어 가족을 염려하는 마음조차 전혀 없다. 남에게 해를 끼치는 그 어떤 부도덕한 짓을 저질렀다 해도 그 일에 수치심이나 죄책감 같은 감정을 전혀 느끼지 않는다. 오히려 그런 감정은 남에게 잘 속는 바보들이나 느끼는 쓸데없는 감정이라고 생각한다.

양심은 우리가 남에게 피해를 주는 잘못된 행동을 했을 때 무엇이 옳고 그른지에 대한 분별력에서 오는 불편한 감각이다. 양심으로 인한 불편감을 전혀 느끼지 않는다는 점에서 그들은 영구적인 뇌 기능의 손상을 입은 사람들이다.

대부분의 정신질환은 겉으로 드러나는 증상들이 있고 타인보다는 자기 자신을 괴롭히는 특성을 가졌다. 그에 반해 소시오패스가 무서운 이유는, 그들이 가진 비정상적인 마음 상태를 숨기고 본인의 이익을 위해 이용할 수 있는 능력에 있다.

사람들은 무의식중에 양심이나 남을 의식하는 것은 누구나 가진 성향이라고 생각하며 살아간다. 그렇기 때문에 양심이 없는 사람이 존재한다는 것을 상상하기가 어렵다. 소시오패스는 이런 우리의 믿음에 맞게 적당히 그런 척하면서 자신은 양심, 죄의식, 수치심에 구애받지 않는다는 사실을 숨길 줄 안다. 그들은 그렇게 자신만의 게임을 하면서 다른 사람들을 조종하고 위기로 몰아넣으며 짜릿한 쾌감을 느낀다.

내 연인이 소시오패스인지 알아내는 방법

소시오패스의 감정적 특징은 감정의 깊이가 매우 얕고 강렬한 자극을 추구하는 데 있다. 그들은 항상 보통 이상의 강렬한 자극을 필요로 하기에 위험한 행동, 과감한 시도를 하면서 사회적, 법적 규범을 넘나든다.

그들의 병리적인 거짓말과 기만행위로 인해서 그들의 타깃이 되는 사람은 전혀 근거 없는 비방과 루머에 시달리며 '아니 땐 굴뚝에 연기가 난다'는 것을 체험하게 된다.

그들은 다른 사람들을 유혹하여 자신의 위험한 게임에 동참하게 하고 자신의 필요를 위해서 상대방의 돈, 시간, 노력을 소진되게 하는 기생적인 친구 혹은 연인 관계를 맺는 것으로 알려져 있다.

인간관계에 있어 소시오패스는 타인에 대해 냉정하고 무정한 마음을 가졌다. 당신이 소시오패스 애인을 만난다면, 그가 당신을 사랑한다고 말할지 모르지만 그것은 허울뿐인 감정이다. 그가 당신에게 관심이 있다고 느껴진다면 그건 당신이 그가 사냥해야 하는 목표물이기 때문이다.

본인이 자발적으로 소시오패스 진단을 받은 T. E. 토마스는 『나, 소시오패스』를 통해 본인의 사랑에 대해 털어놓았다.

"소시오패스는 사랑을 하긴 하지만, 우리의 사랑은 극도로 이기적이며, 상대방의 사랑을 수치스럽게 만든다. 우리의 사랑은 매우 파괴적이며 극도로 소모적인 형태이다. 내가 누군가를 사랑할 때 나는 상대방의 엑기스와 영혼 모두를 흡입하고 싶다는 욕망을 느낀다. 내가 그에게 키스할 때 나는 상대를 감각적으로 흡입하고 싶을 뿐이다."

소시오패스는 자신의 목적을 위해 상대를 성적으로 유혹하는 것을 전혀 개의치 않는다. 또 상대방이 감추려 하는 단점이나 문제를 단번에 꿰뚫어 보고 그것을 전혀 개의치 않는다. 이 때문에 소시오패스의 연인은 초반에 그가 자신을 있는 그대로 알아준다고 느끼며 빠져들게 된다. 그들은 당신의 욕구와 필요를 빠르게 감지하고, 그들의 매력과 유동적인 성격을 통해서 그 욕구와 필요를 충족시키는 완벽한 사람처럼 행세할 수 있다.

스스로 소시오패스라고 인정한 토마스의 고백에 따르면 소시오패스가 사랑을 시작하고 나서 가장 먼저 하는 일은 대상에 대한 정보를 최대한 많이 수집해서 그가 원하는 모습과 가장 가까운 모습이 무엇인지를 알아내는 것이다.

유혹이 끝난 소시오패스와의 연인 관계는 대부분 사랑이 없는 무미건조한 관계로 변하고, 상대가 상처받으며 단기간에 끝난다. 만약 상대가 소시오패스에게 계속해서 의미가 있다면 그것은 상대가 지위나 권력, 재력 등 본인의 가치를 과시할 수 있는 조건을 부여해주거나 상대를 잃어버리기 싫은 하나의 소유물처럼 여기기 때문이다.

소시오패스들이 겉으로 위협적이고 티가 날 거라는 우리의 기대와는 다르게, 그들은 자신감이 넘치고, 유려한 말투를 가졌고, 이성적으로도 매력적이다.

또 하나 우리의 예상을 벗어나는 것은 모든 소시오패스가 뉴스에 나오는 것과 같이 살인을 일삼는 폭력적인 범죄자는 아니라는 것이다. 보통 우리가 만나게 되는 대부분의 소시오패스는 다른

사람들에게 발각되거나 처벌당할 가능성을 철저하게 계산하면서
제한된 범위 안에서만 상대방에게 가하는 폭력을 즐긴다. 혹은
폭력성은 없이 타인에 대한 철저한 무관심과 병적인 자기 몰입만
있는 유형도 있다.

소시오패스의 탄생 과정

그들은 어쩌다가 양심이나 남을 위하는 마음을 잃게 되었을까?

미국 하버드대 로렌스 콜버그 교수의 연구 결과에 따르면 발달
과정에서 소시오패스와 같이 양심이 완전히 마비되는 이유는, 어
린 시절에 위선적인 사람에게서 양육되었던 데 있는 경우가 많
다. 아버지나 어머니와 같은 주 양육자가 겉과 속이 다른 위선적
인 행동을 죄의식 없이 하면서 사회적으로 인정받는 모습을 어릴
때부터 접하게 되면, 뭐가 옳고 그른지를 판별하는 양심적 감각
자체가 결여된다는 것이다.

대표적인 사례가 집 안에서는 가족을 학대하지만 밖에서는 존
경받는 종교 지도자의 자녀, 집안 식구들에게는 철저히 무관심하
지만 사회적으로는 인권변호사로 헌신하는 아버지를 둔 경우 등

이 있다.

단, 그런 조건에 있는 모두가 소시오패스가 되는 것은 아니다. 선천적으로 공감 능력이 낮은 사람이 이렇게 위선적인 사람이 양육하는 환경에 노출되었을 때 소시오패스가 될 위험성이 커진다.

우울증 등 본인이 내면적으로 큰 괴로움을 겪는 정신질환과는 다르게, 소시오패스는 그 증상들로 인해 본인은 전혀 불편하거나 불쾌감을 느끼지 않는다. 그렇기 때문에 스스로 잘못되었다는 생각이나 치료의 필요성도 느끼지 못한다. 심리적인 변화는 자신의 자각과 필요성으로부터 출발하는데 그들에게는 이 변화의 시작 자체가 어렵다.

그렇기 때문에 그들을 감별하고, 그들로부터 자신을 지켜야 하는 건 온전히 우리의 몫으로 남는다. 양심이 있고 자꾸 그들을 우리와 동일선상에 두고 공감하려는 습관을 지닌 우리는, 그들의 의도와 행동을 감히 짐작하기 어렵다.

소시오패스에게 피해를 봤을 때 우리가 할 수 있는 최선의 대처법은 가능한 한 그들과의 관계를 끊거나 거리를 두는 것이다. 당신이 섣불리 그들과 맞서 싸우거나 그들을 변화시키려 하면 할수

록 그들의 위험한 게임에 얽혀들어서 더 깊은 수렁으로 빠져들
수 있다.

당신이 소시오패스에게 당한 일로 자신을 자책하며 잠 못 이루
고 있다면 이렇게 말해주고 싶다.

당신은 정상이라서 당한 것이다.

정상이기 때문에 소시오패스의 타깃이 되었을 때 그에게 당하
지 않는 것은 불가능하다. 지금의 상황에 대해서 자신을 탓하기
보다는 마음의 상처와 실질적 피해가 회복될 때까지 각별히 자신
을 보호하고 지지해주기를 바란다.

소시오패스 연인은 어떤 모습일까요?

① 어둡고 음울하며 공격적인 사람
② 활달하고 말발이 매우 좋으며 외적인 매력이 넘치는 인기인

(답은 2번)

내 연인이 소시오패스임을 알 수 있는 방법은 그의 설명보다는 내 상황을 객관적으로 바라보는 데 있습니다. 사랑하는 사이라는 이유로 나의 시간, 돈, 능력, 정성 등 모든 것들이 그에게 빨아 먹히고 있는 상황은 아닌지 냉정하게 돌아볼 필요가 있습니다.

연애 중 나를 정신적으로 완전히 통제하려는 가스라이팅과 주변 관계를 다 끊어놓는 상황이 발생하는 것에 특히 주의해야 합니다.

Box 5

우울한 사람의 연애

가슴이 답답해서 병원에 가보니 심장이상이 아니라 우울증이었다는 사람들이 늘고 있다. 한국 트라우마 스트레스 학회의 조사에 따르면 코로나 사태 이후 현재 심각한 우울 증상을 겪는 사람들은 22%로 나타났다. 다섯 명 중 한 명은 우울증에 괴로워하고 있는 것이다. 코로나 사태 이전에는 평생 한 번이라도 우울증에 걸리는 사람의 비율이 전체의 5~10%였던 데 비해서 사회적으로 고립된 생활을 하는 시간이 길어지면서 우울감을 느끼는 사람들이 급격하게 많아진 것이다.

우울증의 핵심 증상 (자가 테스트)

우울증의 핵심 증상은 우울한 감정과 어떤 활동도 하고 싶은 의욕이 없는 무기력증이다. 2주 이상 평소와 같은 생활을 이어가기 힘들 정도로 우울감과 무기력이 계속 이어지면서, 자기 자신이 무가치하게 느껴지기 시작한다면 당신은 우울증을 앓고 있는 것이다. 아래 설문은 우울증을 선별하기 위해 가장 널리 사용되는 미국 국립 정신건강 연구소의 우울증 검사(CES-D)이다. (Radloff, 1977; 이산 외, 2016).

<한국판 역학연구 우울척도 개정판(K-CESD-R)>

아래의 내용은 사람들이 느끼거나 행동할 (가능성이 있는) 방식을 열거한 것입니다. 지난 일주일 동안 얼마나 자주 이런 식으로 느꼈는지 표시해 주십시오.

	문항
1	식욕이 없었다.
2	울적한 기분을 떨쳐 버릴 수 없었다.
3	무슨 일을 하든 정신을 집중하기가 힘들었다.
4	상당히 우울했다.
5	잠을 설쳤다(잠을 잘 이루지 못했다).
6	마음이 슬펐다.
7	도무지 뭘 해 나갈 엄두가 나지 않았다.
8	나를 행복하게 하는 것은 아무것도 없었다.
9	내가 나쁜 사람처럼 느껴졌다.
10	일상 활동에 대한 흥미를 잃었다.
11	평소보다 훨씬 더 많이 잤다.
12	내 움직임이 너무 둔해진 것처럼 느껴졌다.
13	안절부절 못했다.
14	죽었으면 하고 바랐다.
15	자해하고 싶었다.
16	항상 피곤했다.
17	나 자신이 싫었다.
18	(살을 빼려고) 노력하지 않았는데, 몸무게가 많이 줄었다.
19	잠들기가 많이 힘들었다.
20	중요한 일에 집중할 수가 없었다.

※ 점수 해석: 13점 이상이면 우울증 위험이 있는 것으로 해석된다.

1일 미만	1~2일	3~4일	5~7일	2주간 매일
ⓞ	①	②	③	④
ⓞ	①	②	③	④
ⓞ	①	②	③	④
ⓞ	①	②	③	④
ⓞ	①	②	③	④
ⓞ	①	②	③	④
ⓞ	①	②	③	④
ⓞ	①	②	③	④
ⓞ	①	②	③	④
ⓞ	①	②	③	④
ⓞ	①	②	③	④
ⓞ	①	②	③	④
ⓞ	①	②	③	④
ⓞ	①	②	③	④
ⓞ	①	②	③	④
ⓞ	①	②	③	④
ⓞ	①	②	③	④
ⓞ	①	②	③	④
ⓞ	①	②	③	④
ⓞ	①	②	③	④

우울증에 걸리면 나도 힘들지만 내 옆에 있는 사람도 힘들다. 우울증을 앓는 사람은 그를 답답해하는 가까운 사람들과 다툼을 겪게 되고, 무기력에서 오는 무반응으로 인해 가까운 연인, 친구, 가족과의 관계는 점점 악화된다. 우울증으로 인해 가까운 관계가 손상되고 나면 그 사람은 홀로 남게 되고, 혼자만의 시간 속에서 더 우울해지는 악순환이 계속된다.

우울한 사람들이 자기도 모르게 주변 사람에게 반복하는 행동

미국 플로리다 주립대 심리학과의 토마스 조이너 교수는 그의 연구를 통해서 우울증이 재발하고 장기화되는 원인은 바로 우울증으로 인해 가까운 인간관계가 손상되기 때문이라고 밝히고 있다. 그의 연구 결과는 우울증 환자들이 자기도 모르게 매일 반복하고 있는 '인간관계 손상의 원인'이 되는 말과 행동을 알려준다.

그것은 바로 자신의 무가치함을 상대방에게 반복적으로 확인받으려고 하는 행동이다. 우울증에 걸린 사람은 인생이 허무하고, 자신이 아무런 가치가 없다는 느낌에 사로잡히는데, 가장 가까이 있는 사람에게 끊임없이 본인의 이러한 느낌이 진짜인지를 확인하려고 한다는 것이다.

처음에는 열심히 그렇지 않다며 위로하고 설득하던 연인과 가족은 계속 반복되는 질문과 자학적인 행동에 지치게 된다. '아니라고 했잖아. 이제 그만 좀 해'라는 반응을 보이면, 우울 증상을 앓는 사람은 '거봐⋯ 아니라는 말은 거짓말이었어. 내 말이 맞잖아'라며 자신의 가치 없음이 그러한 지치는 반응에 의해 확인되었다고 생각하게 된다.

나에게도 우울증이 찾아왔었다

내게도 우울증이 찾아왔던 때가 있었다. 미국에서 유학하던 시절, 갑작스럽게 함께 유학하던 남편이 한국으로 돌아가게 되었을 때다. 갑작스러운 변화에 집에 혼자 있는 시간이 늘고 그 상황에 대한 우울감이 생겨났었다. 혼자 어딜 나가는 것도, 누구를 만나는 것도 내키지 않았고 아침에 일어나는 게 특히나 고역이었다.

늦은 아침에 겨우 일어나 학교에 꼭 해줘야 하는 일만 겨우 마치고 바로 집에 들어와 소파에 누워서 무기력하게 남은 하루를 보냈다. 어쩌다 사람들을 만나 우울한 마음을 감추고 아무렇지 않은 척하고 돌아올 때면 우울감은 더 심해졌다.

평소 다가가기 쉽다는 말을 많이 들었는데, 그 당시에는 사람들이 본능적으로 나를 피하는 게 느껴졌다. 별거 아닌 일로도 짜증과 불만이 확 올라와 연구실 동료와 부딪히고 갈등하기도 했다.

그때는 미국의 작은 대학 타운에 있었기 때문에 심리 상담을 받고 싶어도 편하게 말할 수 있는 한국어 상담창구가 없었다. 결국 엄마에게 SOS를 쳤다. 미국에 오신 엄마가 해주시는 집밥을 먹고 매일 함께 넓은 공원을 산책하고 대화하면서 비로소 어둡고 무거운 상태를 벗어날 수 있었다. 그렇지만 전과 같은 열정적인 삶이 완전히 회복되진 못했다. 한동안 그냥 끌려가듯 사는 상태가 지속되었다.

그러던 어느 날, 내 안에 작은 변화가 생겼다. 지금 미국에서의 삶을 그냥 받아들이기로 한 것이다. 계속해서 '남편이 있었으면', '빨리 그냥 한국에 갔으면' 했던 바꿀 수 없는 상황들에 대한 생각을 단념하고, 지금 미국에서의 삶을 나의 삶으로 받아들이기로 했다. 그렇게 생각을 바꾸자 똑같은 공간, 똑같은 일상이었지만 그 느낌이 완전히 달라졌다.

그때부터 당시 살고 있었던 시공간의 좋은 점들이 느껴지기 시작했다. 미국에서도 특히 살기 좋은 곳으로 손꼽히는 워싱턴 DC의 풍요로운 문화, 오가며 만나는 전 세계의 특별한 사람들, 연구하기에 최고의 환경이 내가 속한 곳임이 느껴졌다.

내 커리어 상 일에 전념해야 하는 시기였기 때문에 남편이 옆에 없어 시간적으로 여유가 많은 것도 장점임을 인정하게 되었다. 그 무렵 한국의 오랜 친구들도 나를 찾아오기 시작했다. 그렇게 바쁘게 즐거운 일상을 보내며 여기도 참 살기 좋다고 생각할 무렵, 인생은 이제 시험을 통과했다는 듯이 귀국해서 가족이 함께할 수 있는 길을 열어 주었다.

우울증 완화에 도움이 되는 검증된 방법

진정한 우울증의 사슬은 스스로 끊어야 한다. 심리 치료나 상담은 그것을 할 수 있도록 도와주는 역할에 그친다. 우리에게는 그걸 할 수 있는 엄청난 힘과 생명력이 숨겨져 있다. 자신의 가치는 스스로 인정해주지 않으면 누구도 인정해줄 수가 없다. 아무리 사랑하는 연인이라도 그 생각을 바꿔주기란 어렵다.

곁에 사랑을 퍼부어주는 사람이 있을지라도 내가 우울함에 잠겨서 마음의 레이더망을 꺼버리면 그 사랑을 전혀 느낄 수가 없다. 지금 우울함을 느끼고 있다면 나의 가치 없음을 확인받으려는 말과 행동을 반복적으로 주변에 하고 있는 건 아닌지 돌아보자.

오늘 이 시간부터 나 자신을 그냥 지금 있는 모습 그대로 받아들이고 사랑하는 연습을 시작해보면 좋겠다. 주변 사람에게는 객관적인 상황에 대한 확인은 하되, 나 자신의 가치와 특별함은 그냥 내가 받아들여 주고 인정하는 것으로 충분하다는 생각에서부터 출발하면 된다.

의지나 약물만으로는 충분치 않다

만약 당신이 생활을 유지하기 어려울 정도로 심한 우울증에 시달리고 있다면, 우울증에서 처음 빠져나오기 위해서는 분명 누군가의 도움이 필요하다. 당신이 스스로 한 번 빠져나왔다고 해도 높은 확률로 상황이 힘들어졌을 때 다시 우울감이 찾아오게 된다. 우울증 완화에 도움이 되는 검증된 방법으로는 심리 치료, 글쓰기, 운동, 항우울제 복용을 추천한다.

심리치료자들은 우울한 사람들이 자주 접어드는 생각의 길을 알고 있어, 우리가 그 길에 빠져 있다는 것을 자각하고 빠져나올 수 있도록 도움을 줄 수 있다. 사실 심리치료 분야는 검증되지 않은 자격증이 난무하는 문제가 있어, 아무에게나 무작정 찾아가서 치료받는 게 아니라 전문성과 따뜻한 인성을 두루 갖춘 치료자를 잘 선별해서 치료받는 것이 중요하다.

한국심리학회의 엄격한 인증을 받은 치료자나, 심리치료 기법 중 우울증에 가장 치료 효과가 검증된 인지 행동치료와 수용전념 치료 기법에 특화된 치료자를 찾아보기를 추천한다.

평소에 글쓰기를 좋아한다면 '표현적 글쓰기' 방식도 좋다. 이는 질문에 답하는 구조화된 글쓰기 방법이다. 4일 동안에 걸쳐 20분 이상 아무도 보지 않을 것을 가정하고 쏟아내는 글쓰기는 내면의 트라우마를 담담하게 포용할 수 있도록 도와준다.

운동은 또한 우울증에 효과적인 방법이다. 반복되는 연구를 통해 운동이 항우울제와 같은 정도의 우울증 완화 효과가 있음이 검증되었다. 걷기와 달리기 등의 유산소 운동과 그룹으로 같이 하는 운동이 특히 우울증 완화에 효과가 있었다.

정신건강의학과를 찾아 항우울제를 복용하는 것도 뇌 안에 신경전달물질의 균형을 다시 잡는 데 도움이 될 수 있다. 우울증은 정신적 질환인 동시에 뇌 신경전달물질의 불균형을 초래하는 신체적 질환이기도 하기 때문에 특히 우울증 초기에는 약 복용이 필요한 경우가 많다. 하지만, 전체 우울증 환자 중 상당수인 40% 정도는 항우울제의 효과를 보지 못하기 때문에 약 복용만으로 모든 증상이 해결될 수는 없다는 점도 알아야 한다.

치료의 효과를 극대화하기 위해서는 적절히 약물과 심리, 행동적 조절 요법을 병행하는 것이 가장 효과적이다.

◆ ◆ ◆

우울증에 걸린 사람은 인생이 허무하고,

자신이 아무런 가치가 없다는 느낌에 사로잡히는데,

가장 가까이 있는 사람에게

끊임없이 본인의 이러한 느낌이 진짜인지를 확인하려고 한다.

내가 혹은 내가 사귀었던 사람이 우울 증상을 보였던 경험이 있었나요? 우울 척도 검사를 통해 어느 정도의 우울인지 파악하는 것이 우선입니다. 우울증은 누구나 걸릴 수 있고, 감추기보다 드러내고 적극적으로 치료해야 하는 마음의 아픔입니다. 우울증이 나아질 수 있는 방법은 많이 연구되어 있습니다. 심리치료, 운동, 표현적 글쓰기 등 검증된 종류의 치료 방법들을 시도해 보며 나에게 맞는 방법을 찾아나갑시다.

Part
06.

그 사람이 정말 나와 맞는
사람인지 알고 싶다면

몇 번의 연애 후에 어떤 사람을 만나야 할지 모르겠는 혼란기가 찾아왔다. 심리학자로서 인생을 살 때 좋은 건 이런 혼란기에 내 인생을 하나의 연구처럼 거리를 두고 분석할 수 있게 된다는 것이다. 나는 몇 번에 걸쳐 경험한 이별의 괴로움 속에서 내면 분석과 인생 실험을 거친 끝에, 그 사람이 내가 원하는 사람인지를 분별할 수 있는 방법을 찾아냈다.

내가 원하는 조건 중 딱 한 가지를 만족시키는 사람 만나보기

　그 방법은 원하는 조건들 중 딱 한 가지만 잘 충족시키는 사람을 만나보는 것이다. 원하는 모든 조건을 충족시키는 사람은 현실적으로 만나기 어렵다.

　막연하게 불가능에 가까운 이상형을 생각할 때보다 생각하던 조건 중 한 가지만 잘 충족시키는 사람을 직접 만나봤을 때, 그 부분에 대해서 내가 진짜 원하는 게 무엇이었는지에 대한 큰 깨달음을 얻을 수 있었다.

　경험이 없는 사람은 이 방법으로 내가 원하는 사람에 대한 탐색을 시작할 수 있고, 경험이 있지만 정리되지 않은 사람은 내게 정말 꼭 필요하거나 참을 수 없는 부분에 대해서 분별해 낼 수가 있다.

사람의 속성은 동전의 양면과 같다

연애 경험을 통해 얻은 깨달음은 사람의 속성이란 동전의 양면과 같다는 것이다. 외모, 재력, 지성 등 어떤 사람이 갖춘 좋은 조건에는 필연적으로 함께 딸려 오는 부정적인 특성이 있다.

그 부정적인 속성이, 내가 기대했던 바와 전혀 다르고 피하고 싶은 것인 경우가 많아서 나에게 정말 맞는 사람을 분별해 내는 데 생각보다 매우 유용했다.

잘생김의 이면: 지나친 관심과 경쟁

20대 시절 운 좋게도 누가 봐도 잘생긴 남자친구를 만났었다. 그와의 만남 자체는 즐거웠다. 그런데, 주변에서 쓸데없이 많은 관심을 받고 구설에 오르는 등 매우 싫어하는 종류의 피곤함을 경험했다.

짧은 연애를 거친 후 그의 갑작스러운 연락 두절로 이별하게 되었다. 친구들은 "그는 가만히 있으려고 해도 옆에서 가만히 두지

그 사람이 정말 나와 맞는 사람인지 알고 싶다면

않는다"라고 하며 나를 위로했다.

그와 연애하는 중에 경험한 다른 이성들과 끊임없이 경쟁하는
듯한 기분 나쁜 느낌은, 그 후 내 안에 '잘생김'이라는 조건이 가
진 우선순위를 떨어뜨렸다. 관계에 있어 우리 두 사람만 신경 쓰
면 되는 내밀한 연애가 좋기에, 그의 외모가 내 타입인 건 중요하
지만 내 타입 중에서 모두가 열망하는 상위 1%일 필요는 없다는
게 분명해졌다.

부유함의 이면: 관념과 노는 문화의 차이

부유한 집안의 사람은 어떨까? 돈은 많으면 많을수록 좋은 것
일까? 여기에 대해서도 분명한 선이 없고, 상황에 따라 마음이
왔다 갔다 했다. 이러면 기회가 있을 때 경험해볼 수밖에 없다.
어느 날 친구를 통해 제약업계 기업 오너 2세와 소개팅을 하게 되
었다. 창 넓은 이탈리안 레스토랑에서 시작된 그와의 소개팅은
뜬금없는 대화가 드문드문 이어지는 어색한 분위기였다.

"세상에서 가장 비싼 스시를 먹어본 적 있으세요?"

그가 뜬금없는 질문을 던졌다.

"일본에 가면 예쁜 여자 나체에 각종 스시가 올려져서 여자 채로 서빙되어 나와요."

그의 대답은 나를 뜨악하게 만들었다. 지금 와서 생각해보면 일종의 테스트였을 수도 있겠다. 한 사람으로 일반화하긴 어렵겠지만, 그들의 관념이나 노는 문화 자체가 내 상식으로 이해하기 힘들 수 있다는 생각이 들었다. 내가 이해하기 힘든 사람과 연애하고 싶지는 않았기에 나보다 지나치게 부유한 사람도 아웃이었다.

지성의 이면: 분석에 따르는 피곤함

이성의 조건들 중 분석적이고 이지적인 남자를 동경하는 마음이 컸다. 그러던 중 수업의 집단 토론에서 빛을 발하던 매우 논리적이고 이지적인 사람을 만났었다.

막상 만나고 보니 그의 지적인 샤프함이 나를 힘들게 하는 면을 경험할 수 있었다. 그의 분석력은 사회 문제뿐 아니라 내 부족한 면에도 집중되었고, 요즘 경기가 안 좋다는 일상 주제에 대해서도 '원인, 이론적 원리, 향후 흐름' 등을 분석하는 대화를 하는 것

그 사람이 정말 나와 맞는 사람인지 알고 싶다면

에 지쳐버렸다. 편안하게 일상을 나누며 연애를 하고 싶지, 일대
일 토론 스터디를 하고 싶은 건 아니었다.

'연애할 때 좋았던 점이 결혼할 때는 가장 싫어하는 점이 된다'
는 속설처럼 사람의 조건이나 특징은 단편적이지 않다. 연애할
때는 나한테 잘 맞춰주는 게 좋았다가 결혼하니 우유부단함에 괴
로워하기도 하고, 연애 때는 사교적인 게 좋아 보였는데 결혼하
고 보니 매일 밖에 나가 있어서 힘들어하기도 한다.

우리는 '내가 좋아하는 그의 어떤 면에 딸려 오는 부정적인 속
성을 참아낼 수 있는가?'를 생각해봄으로써 이 사람과 오랜 기간
좋은 관계로 지낼 수 있는지를 더 잘 판가름할 수 있다.

최종적으로 중요했던 한 가지

이런저런 경험을 통해 내가 최종적으로 가장 중요하다고 느낀
조건은 '관대함'이었다. 난 은근히 허당이면서 하고 싶은 일들이
많은 스타일이다. 따라서 아무리 다른 면에서 좋은 사람이라도 나
의 허당끼 넘치는 부분을 일일이 지적하거나, 본인이 원하는 방향
으로 나를 통제하려는 사람과는 행복하게 관계 맺을 수 없었다.

사소한 실수나 잘못에 대한 관대한 반응과 내 의견을 존중해주고 자유로이 활동할 수 있게 풀어주는 면이 내게는 정말 중요했다.

관대함과 짝을 지어 따라오는 부정적인 속성은 우유부단함이었는데 그것은 그래도 내가 잘 참아낼 수 있는 속성이었다.

당신이 누구를 만나야 할지 모르는 두 가지 이유

당신이 연애는 하고 싶은데 어떤 사람을 만나야 할지 모르겠다면 그 이유를 두 가지로 나누어 볼 수 있다.

1) 너무 연애 경험이 없어서 나에게 맞는 사람이 어떤 사람인지 모르는 경우
2) 연애를 해 봤는데 크게 상처받아서 다음 관계가 두려운 경우

연애 경험이 없는 사람은, 호감 가는 사람을 만났을 때 이 사람이 장기적인 연인 관계에서도 나와 잘 맞는지 안 맞는지 확신할 방법이 없다. 이런 사람이 표면적인 조건이나 첫눈에 반했다는 이유로 갑자기 결혼 등 인생의 중요한 결정을 성급하게 내리는 것은 매우 위험하다. 자신에게 맞는 사람을 분별할 수 있는 눈이 생기려면, 온전하고 직접적인 퍼스널 데이터가 쌓이는 과정이 필

요하기 때문이다.

이전 관계에서 크게 상처받아 연애 자체에 대한 두려움이 생긴 경우는, 다시 상처받고 싶지 않다는 생각에 누군가와 연애를 시작하는 것 자체가 어려워진다. 과거 경험에서 비롯된 고려사항이 많아지기 때문이다.

그런 조건들을 모두 만족시켜주는 사람은 이 세상에 존재하지 않거나, 존재한다고 해도 이미 임자가 있어서 나에게 관심이 없는 경우가 대부분이다. 이 경우 내가 무엇을 원하는지보다 무엇을 참을 수 없고, 무엇을 참을 수 있는지를 알아내는 게 중요해진다.

모든 사람은 다 유일하고 독특한 존재들이다. 우리 한 사람, 한 사람은 다 아주 독특하게 남을 행복하게 하는 면과 힘들게 하는 면을 갖고 있다. 어떤 것은 대수롭지 않게 넘길 수 있고, 어떤 것은 아주 작은 자극에도 힘들어하는지도 사람마다 다 다르다. 그렇기 때문에 정말 원하는 사람 혹은 참을 수 없는 사람이 어떤 유형인지는, 자신이 직접 상처받고 연애 관계 안에서 부딪히며 경험을 통해 분별해 낼 수밖에 없다.

◆ ◆ ◆

정말 원하는 사람 혹은 참을 수 없는 사람이 어떤 유형인지는,
자신이 직접 상처받고 연애 관계 안에서 부딪히며
경험을 통해 분별해 낼 수밖에 없다.

지난 연애 경험을 통해서 돌아볼 때 도저히 참을 수 없는 부분은 무엇이었나요?

반대로 정말 원하는 딱 한 가지는 무엇일까요? 그 한 가지를 잘 충족하는 사람이 주변에 있다면 만나보세요.

Box 6

연인으로 반드시 피해야 하는
사람의 특징

건강한 연인 관계에 대한 연구의 대가인 미국 오하이오주립대 키콜트 글래이저 교수가 42쌍의 커플을 대상으로 진행한 실험은, 어떤 사람을 반드시 걸러내야 하는지에 대한 중요한 가르침을 준다.

개별 조건과 관련 없이 모든 사람에게 적용되는 해로운 연인의 조건이 하나 있다. 당신이 자신의 건강과 행복을 생각한다면 다른 조건이 어떠한지를 막론하고 이 조건을 가진 사람은 반드시 걸러내야 한다.

커플 실험: 서로 다독이고 다투는 조건

이 연구에서 42쌍의 커플들은 아침 7시에 시작해 그다음 날 아침 7시까지 24시간 동안 진행되는 실험에 두 번 참여했다. 커플들이 실험을 두 번 참여해야 했던 이유는 한 번은 서로 다투고, 다른 한 번은 서로 다독이는 조건을 경험해서 몸의 반응을 비교하기 위해서였다.

커플들은 팔에 바늘로 찌르는 것과 유사한 가벼운 상처를 내고, 다투는 조건에서는 10분간 시댁과의 갈등, 경제적 어려움 등 각자의 생활에서 겪고 있는 문제를 이야기했고, 다독이는 조건에서는 서로에게 격려하는 이야기를 10분간 했다. 그리고 두 조건에서 피부가 회복되어 가는 과정을 24시간 동안 추적 조사했다.

커플이 서로 다투는 조건과 다독이는 조건을 비교한 결과, 같은 사람이 서로 다독이는 조건에서 피부 상처가 100% 회복된 시점에 갈등하는 조건에서는 72%밖에 회복이 안 되는 것을 확인할 수 있었다.

사랑하는 사람과 다툴 때 받는 스트레스가 마음만 상하게 하는 것이 아니라 몸의 회복 기능에도 직접적인 악영향을 주는 것을 보여준 것이다.

서로에게 적대적인 커플은 상처가 더디게 회복되었다

결과를 좀 더 깊이 분석하기 위해 각 커플들이 말한 대화의 내용을 언어적으로 분석했다. 그 결과 실험 조건과 상관없이 상대방을 무시하거나 경멸하는 말투가 오고 갔던 커플은 다른 커플들의 상처가 완전히 회복된 시점에도 상처가 60%밖에 회복하지 못했다. 심리적으로 이러한 관계를 적대적 관계라고 부른다.

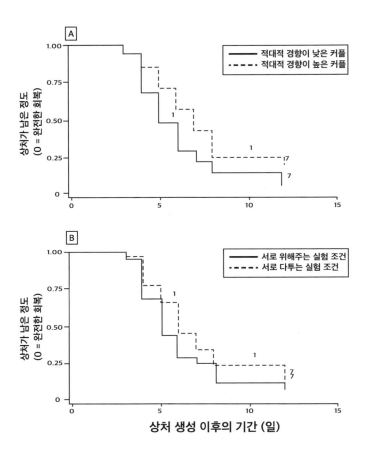

[그림 5] 커플의 적대성과 실험 조건에 따른 상처 회복 속도의 차이

[위] 실선은 적대적이지 않은 커플이 상처가 회복되는 속도 vs. 점선은 적대적인 커플이 더 느리게 상처가 회복되는 속도(선이 바닥에 가까울수록 다 회복되었다는 의미임)

[아래] 같은 커플 내에서 실선은 격려하는 이야기를 한 시간 후 상처가 회복되는 속도 vs. 점선은 갈등을 겪은 후 상처가 회복되는 속도

연인으로 반드시 피해야 하는 사람의 특징

적대적인 관계의 수준이 높았던 커플은 다투는 조건의 다음 날 아침에 한 검사에서도 그 여파가 남았다. 심혈관 질환, 관절염 등 각종 만성질환의 원인이 되는 전신의 염증을 자극하는 싸이토카인 수준이 크게 증가되어 있었던 것이다. 결국 상대를 무시하고 경멸하는 태도를 가진 사람과 연애하는 것은 우리의 정신과 신체에 모두 즉각적인 해를 끼친다고 결론지을 수 있겠다.

적대적 커플은 이혼할 확률이 평균보다 4배 높았다

적대적 태도를 가진 사람과의 관계가 갖는 영향은 단기간에 그치지 않는다. 미국 미시간 대학의 벌딧 박사는 373쌍의 신혼부부들을 대상으로 커플 간 적대적 관계가 이혼에 미치는 영향력에 대해서 16년에 걸쳐 추적 조사하였다.

연구에 참여한 신혼부부들은 혼인신고 후 1, 3, 7, 16년이 지난 시점에 추적하여 조사한 결과 16년이 지난 시점에는 전체의 절반 (49.1%)만이 결혼생활을 유지하고 있었다.

커플들을 대상으로 조사 시점마다 최근 서로 의견 차이가 있었던 부분을 질문한 다음, 그 문제를 이야기할 때 상대방이 보였던 행동을 각자 개별적으로 응답하게 해서 커플 간 1) 적대적인 반응 2) 그 자리를 회피해 버리는 반응 3) 차분하게 이야기로 풀어보려는 건설적 반응이 나타났는지를 조사하였다.

연구결과, 문제가 있을 때 상대방을 무시하거나 공격적으로 대하는 적대적 반응을 보였던 커플은 16년 안에 이혼할 확률이 평균보다 4배 더 높았다. 남편과 아내 중 한 사람은 차분하게 해결하려고 해도 다른 사람이 그 자리를 피해 버리는 경우에는 이혼 확률이 평균보다 1.3배 높아졌다. 반면에 커플 두 사람 다 차분하게 해결하려고 하는 경우에는 평균보다 이혼 확률이 35%나 낮아졌다.

두 연구는 나를 무시하거나 경멸하는 사람과의 관계는 내 몸에도 즉각적인 해를 입힐 뿐 아니라 오래 지속되기도 어렵다는 것을 보여준다. 장기적으로 사랑하는 관계를 만들어가기를 원한다면 나와 싸울 때 상대의 행동을 잘 봐야 할 필요가 있다. 혹시 상대방이나 내가 은연중에 적대적인 행동을 하고 있다면 그 행동은 서로를 위해서 반드시 고쳐져야 한다.

적대적이고 경쟁적인 사람들이 사회적으로는 높은 성취를 이뤄내기도 한다. 때로는 그런 모습을 보고 이 사람보다 더 좋은 조건의 사람을 만나긴 어려울 것이라는 미련이 생겨 위험 신호들을 무시하게 될 수도 있다. 그러나 연애 시절부터 그런 행동을 보이는 사람은 일단 걸러내는 것이 인생 전체로 볼 때 현명하다.

나를 무시하고 공격적으로 대하는 사람과 연애한 경험이 있나요?

반대로 내가 상대방을 무시하는 반응을 보였을 때가 있었나요?

대개 이러한 사람들은 공격 직후에 사과하고 선물을 하는 등 자신의

공격을 보상하려는 행동을 함께 보이고는 합니다.

하지만, 어떠한 보상이 주어진다 해도 이러한 행동은 사랑하는 사이

에 용납될 수 없는 행동입니다.

100분 토론 : 비슷한 사람 vs.
정반대의 두 사람이 더 잘 산다

폭우가 쏟아지는 날씨에도 불구하고 SMC 방송국 스튜디오는 사람들로 북적인다. 뜨거운 논란에 대한 토론을 칼같이 정리하는 것으로 유명한 송사리 앵커의 백분토론이 진행되기 때문이다.

송사리　안녕하십니까? 오늘의 100분 토론 주제는 연인으로 비슷한 사람이 더 좋은가, 반대가 더 좋은가를 놓고 심리학자 두 분의 토론이 진행되겠습니다. 먼저 비슷한 사람이 더 좋다는 '같음이' 선생님, 발언해주시기 바랍니다. 시간은 3분입니다.

같음이　연애 관계에서 초반엔 다 좋아 보이지만, 서로 다른 면들을 맞춰나가는 건 익숙한 삶의 방식들을 바꿔야 하기에 꽤 힘겨운 과정입니다. 서로 이미 성격이나 성장배경이 비슷한 사람들끼리 만난다면 이미 맞춰가야 할 것들이 많지 않은 상황이겠죠.

서로 조건이 비슷한 사람끼리 만나게 된다는 선택적 짝짓기(Assortative mating)는 이미 커플 간 이어짐을 예측하는 정설로 굳어진 지 오래입니다. 특히 80년대 이후 학력과 사회경제적 수준이 유사한 사람끼리 커플이 될 확률은 점점 높아지고 있습니다.

송사리　서로 반대인 사람이 잘 맞고 끌린다는 다름이 선생님 반론 있으십니까? 역시 3분 드리지요.

다름이　어차피 이 세상에 완벽하게 일치되는 사람은 없습니다. 서로 맞춰가는 과정은 누구를 만나든 피해 갈 수 없는 과정이죠. 나와 다른 상대방으로 인해서 새로운 경험도 해보고 내 관점을 넓힐 기회가 되기도 하고요. 또, 내가 못하는 걸 잘하는 사람은 서로 도움도 되고 존경하는 마음이 저절로 생겨날 거로 생각해요.
또한, 선택적 결합을 말씀하셨는데, 인종이나 지역적 배경 면에서 유사한 사람을 선호하는 경향은 최근 30년간 점차 약화되고 있다고 합니다.

관중들이 고개를 끄덕였다. 평소 '장유유서'를 입에 달고 사는 같음이는 자신보다 후배인 다름이가 토론을 리드하기 시작하자 발끈했다.

송사리　같음이 선생님, 이에 대한 반론 있으십니까?

같음이　아아, 물론 저도 모든 면이 비슷할 수 없다는 건 인정하지만, 분명 비슷함을 추구해야 하는 영역이 있습니다.

여러 연구 결과를 종합하여 분석하는 메타분석 결과, 커플 간 성격이 서로 비슷한 건에 대해 더 행복한 관계를 예측했어요. 성격 외에도 추구하는 가치관, 남자는 이래야 한다, 여자는 이래야 한다는 성적 정체성, 가사 분담 등 성역할에 대한 관념, 종교, 정치 성향 등 함부로 말하거나 바꾸기 어려운 부분이 유사한 게 특히나 중요했지요.

송사리   네, 분명히 설득력이 있습니다. 다름이 선생님 반론 있으십니까?

다름이는 같음이의 격앙된 톤에 잠시 고민하다가 말을 이어 나갔다.

다름이   물론 가치관이 비슷하다는 게 커플에게 중요하다는 건 인정합니다. 그러나, 저는 사람의 능력이나 기술적인 부분에서 연인끼리 서로 달라서 보완되는 부분이 행복에 결정적 역할을 한다는 점을 상기시켜드리고 싶네요. 내가 못하는 걸 잘하는 사람은 매력적으로 보이고 서로 보완이 됩니다. 예를 들어 길치인 내가 못 찾는 길을 척척 찾아주고, 내성적인 내가 꺼리는 낯선 사람과의 대화를 매끄럽게 하는 상대는, 인생에서 커플이 만나는 공동의 어려움을 헤쳐 나가는 데 도움이 되죠.

연구에 따르면 장기적으로 가장 행복한 커플은 따뜻함-냉정함의 차원에서는 비슷하지만, 얼마나 주도적-수동적인가 하는 차원에서는 반대인 커플이라고 합니다. 같음이 선생님의 의견은 이런 결과를 반영하지 않고 단순하게 보는 거 아닐까요.

송사리 같음이 선생님, 반론 있으십니까?

같음이 글쎄요… 아니 근데 다름이 너 언제부터 그렇게 선배한테 바락바락 대들기 시작했냐! 네가 그렇게 대중의 관심을 탐하다가 잘 될 거 같으냐? (우당탕)

다름이 선배, 정말 이러기입니까? 저도 더는 못 참습니다!! (와장창)

송사리 아니, 두 분 여기서 이러시면 안 됩니다!!

갑자기 다름이에게 주먹을 날린 같음이로 인해 토론장은 아수라장이 되었고, 다름이도 몸을 날려 같음이에게 쌍코피를 쏟게 했다.

그날 인터넷 상위 검색어는 코로나 확진자 현황을 제치고 '복싱 토론', '쌍코피 심리학자'로 도배가 되었다.

암암리에 대학 시절 같음이의 첫사랑이 다름이와 사귀었다는 썰이 돌았으나 공식적 고소나 입장 표명은 없었다고 한다.

그러나, 경호 요원들이 스튜디오로 밀고 들어오는 와중에도 송사리 앵커는 노련하게 마지막 멘트를 날리며 토론을 정리해냈다.

"감정적인 존재로서 인간이 가진 한계가 있다는 게 결정적으로 우리가 가진 같은 점이 아닐까요? 혼자서는 살아갈 수 없고, 완전해질 수 없는 존재가 우리 인간입니다. 서로의 다름을 탓하기보다 같음을 연민으로 돌아보며 서로 다독여주는 관계를 맺을 수 있다면, 어떤 다름도 조화로운 다름이 될 수 있지 않나, 생각해봅니다. 이상 100분 토론의 송사리였습니다."

지금 혹은 과거의 연인과 내가 같은 점과 반대인 점들은 어떤 게 있었나요? 가치관, 능력, 선호 등을 기준으로 정리해 봅시다. 서로 도움이 되었던 반대 성향이나 계속 부딪히는 원인이 되었던 반대 성향에 대해서도 정리해 봅시다.

	공통점
가치관 (정치 성향, 가사분담, 돈에 대한 생각 등)	
능력 (사회성, 계획성, 체력 등)	
선호 (식성, 취향 등)	

차이점	
도움	갈등

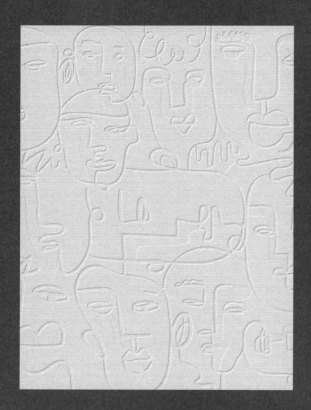

외모 고민이 된다면

「집사부일체」라는 한 예능 프로에서 이승기와 양세형 간 논쟁이 벌어졌다.

이승기가 말했다.

"나는 상대가 나에게 별로 관심이 없어도 내가 좋아하는 사람을 만나는 편이야."

양세형은 바로 반박했다.

"그건 너 같은 외모를 가진 사람이니까 가능한 거야. 너 같이 외모가 뛰어난 사람한테는 상대가 처음엔 관심이 없어도 나중에 생길 수 있지만, 우리 같은 사람들은 처음에 관심 없어 하는 사람에게 적극적으로 다가가면 바로 손절 당해."

양세형의 말처럼 외모가 뛰어난 사람들은 모두가 그들을 호의적으로 바라보고, 이성들도 먼저 접근하는 경우가 많으니 사랑이 쉬울 것만 같다고 생각하기 쉽다. 그렇다면 연구 결과에서는 어떨까?

연구 결과에 근거해 인정할 것은 인정하고 가겠다. 실제로 외모가 뛰어난 사람은 연애를 비롯한 인간관계 전반에서 많은 혜택을 누린다. 사람들은 어떤 사람의 외모가 잘생겼다면 (예쁘다면) 성격과 배려심 같은 다른 면도 좋을 것으로 생각하는 편견을 가지고 있다.

이를 예쁘고 잘생긴 사람의 머리 위에 천사의 링이 떠 있는 것과 같은 효과가 있다는 뜻에서 '천사의 링 효과 (Halo Effect)'라고 말한다. 범죄심리학 연구에 따르면 외모가 매력적인 범죄자는 그렇지 않은 범죄자에 비해서 같은 범죄에 대한 형량을 더 적게 받는다 (Downs & Lyon, 1991).

잘생김에 대한 공통적 기준

외모가 수려한 연예인들은 각자의 개성이 있기는 하지만 공통적으로 큰 눈과 오뚝한 코, 도톰한 입술을 중심으로 균형 잡힌 이목구비를 지녔다. 미국 텍사스 주립대 쥬디스 랭와 교수는 우리가 가장 아름답다고 느끼는 얼굴이 어떤 얼굴인지 알아내기 위한 연구를 진행했다. 랭와 교수의 연구에서는 4명, 8명, 16명, 32명의 얼굴 사진을 겹치면서 공통된 부분만 남기는 방식으로 합성해 사진을 만들어냈다. 합성한 사진들을 사람들에게 보여주면서 외모를 평가하게 한 결과, 더 많은 사람의 얼굴이 합성될수록 우리가 더 예쁘거나 잘생겼다고 느끼는 얼굴이 나왔다(Langlois et al., 1990).

외모 고민이 된다면

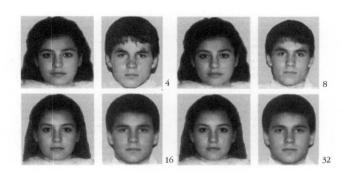

[그림 6] 합성된 사진의 수가 많아질수록 아름다운 얼굴이 되는 현상(지상현, 2002)

우리에게 예쁘고, 잘생겼다고 느껴지는 얼굴은, 절대다수의 얼굴에서 공통된 부분이 극대화되면서도, 약간 큰 눈 등 1%의 플러스알파의 매력 포인트를 더한 얼굴이었다.

랭와 교수는 우리가 공통점이 모인 얼굴을 좋아하는 이유를 진화론의 관점에서 설명한다. 사람들이 가장 많이 공유하고 있는 유전형이 현재 환경에서 살아남는 데 유리할 가능성이 크기 때문이다.

남성이 여성의 큰 눈을 선호하는 이유도 진화론으로 설명되는데, 큰 눈은 더 어린 생명체의 특성이라 임신할 수 있는 육체적 젊음을 암시하기 때문이다. 인간은 자식을 낳고 생존하기 위한 본능에 의해서 이성에게 접근하는 존재이기 때문에 상대가 건강한 유전자를 가졌는지를 얼굴 안에서 가려내려고 한다는 것이다.

아름다운 몸매가 갖는 절대 비율

사람들이 몸매를 아름답다고 느끼는 공통된 기준도 있을까? 연구에 따르면, 시대를 막론하고 여성의 아름다운 몸매로 여겨지는 하나의 절대적 비율이 있다. 바로 허리와 엉덩이의 비율이다. 학자들이 아름다움의 응축된 표현인 비너스 상 등 예술작품 속 여성들의 몸매를 분석한 결과, 공통으로 허리와 엉덩이의 비율이 7:10이라는 것을 밝혀냈다. 현대의 우리는 과거의 비너스보다 마른 몸매를 선호한다. 그러나 허리와 엉덩이의 7:10 비율은 고대의 미술작품뿐 아니라 현대의 플레이보이 표지 모델, 역대 미스코리아 수상자들의 몸매를 분석해 봐도 동일하게 유지되고 있었다.

타고난 외모 vs. 꾸민 외모

타고나기를 미인형의 얼굴과 몸매로 나지 못했다고 해도 절망할 필요는 없다. 연구 결과는 맨얼굴의 형태보다는 자신감 있는 미소와 화장과 액세서리, 패션 등 꾸밈으로 완성되는 외적 매력이 결정적이라는 것을 보여주기 때문이다.

외모 고민이 된다면

미국 일리노이대 심리학과의 에드 디너 교수는 연구를 통해 이성이 끌리는 외모는 타고난 외모보다 꾸민 외모라는 것을 증명했다. 사람들에게는 누구나 꾸민 모습과 안 꾸민 모습의 차이가 있는데, 이러한 차이 중 연애의 성공을 결정하는 것은 맨얼굴이 아니라 자신에 맞게 화장과 패션으로 꾸민 외모라는 것이다.

이 연구에서 참가자들은 두 가지 조건에서 셀카를 찍었다. 첫 번째는 평소에 외출하는 상태의 화장과 패션으로 꾸민 채로 웃으며 찍거나 무표정하게 찍은 것이다 (꾸민 상태에서 미소 O, X 조건). 두 번째는 화장을 다 지우고, 액세서리도 다 빼고, 남녀 모두 샤워캡으로 머리도 가리고, 가운으로 패션도 가린 상태에서 한 장은 웃으며 찍고, 한 장은 무표정하게 찍었다 (안 꾸민 상태에서 미소 O, X 조건). 그럼 아래와 같이 총 네 가지 조건의 사진들이 찍히게 된다.

얼굴 표정	꾸민 조건	안 꾸민 조건
웃는 얼굴	조건 1 (꾸미고 웃는다)	조건 2 (안 꾸미고 웃는다)
무표정한 얼굴	조건 3 (꾸미고 무표정)	조건 4 (안 꾸미고 무표정)

[표 1] 디너 교수의 외모와 매력 연구의 네 가지 조건

이렇게 찍은 같은 사람의 네 가지 사진을 다수의 사람에게 수집하여, 조건별로 평가단에게 사진 주인공의 매력을 평가하게 했다 (Diener et al., 1995). 동시에 참가자 스스로 얼마나 삶을 행복하다고 느끼는지와 그 사람이 지난 3개월 동안 데이트를 한 횟수가 몇 번인지도 조사했다.

연구 결과 외모와 데이트 횟수, 행복의 관계를 결정하는 것은 꾸미는 기술과 웃는 표정이라는 것을 보여주었다. 웃거나 꾸미지 않은 상태에서 얼굴의 매력은 그 사람의 행복과 관계가 없었다. 꾸민 채로 웃으며 찍은 사진은 무표정한 맨얼굴과 매력도의 차이가 컸고, 꾸미고 웃는 모습이 예쁜 사람은 스스로 더 행복하다고 느꼈다. 지난 3개월간 데이트한 횟수도 맨얼굴이나 무표정한 얼굴에서의 외모순이 아니라, 꾸미고 웃은 조건에서 매력적일수록 더 많았다.

연애를 시작하게 하는 건 나의 특성에 맞게 꾸밀 줄 아는 기술과 남들을 끌어당기는 밝은 미소일 수 있다. 그렇지만, 남들에게 잘 보이려는 생각에서 억지로 자신을 포장하는 것은 분명 한계가 있다. 진정한 꾸밈은 나를 아끼고 사랑하는 데서 시작되고, 밝은 미소는 조건 없는 애정을 경험하는 데서 자연스럽게 나오게 된

외모 고민이 된다면

다. 이건 남들과 비교할 필요가 없는 영역이다.

남들이 평가하는 외모 vs. 스스로 평가하는 외모

남들과의 객관적인 외모 순위와 관계없이 자기 외모에 자신이 있을 때, 상대방도 나와의 연애 관계에서 더 만족하고 행복하다는 결과도 발표된 바 있다 (Swanpi et al., 2009). 반대로 남들이 아무리 예쁘다고 인정해도 본인 스스로 그렇게 느끼지 못한다면 외모가 행복한 연애를 하는 데 도움이 되지 않는다 (Feingold, 1992). 나중에 나온 연구 결과도 유사해서 심리학계에서 외모가 행복에 미치는 영향의 원천은, 타고난 잘생김이 아니라 외모에 반영된 내면적 자신감이라는 것이 정설로 굳어졌다.

나는 어릴 때 외모를 신경 쓰는 것을 매우 귀찮아했다. 그러다 유학 중 박사과정에서 통과해야 하는 시험을 앞두고 스트레스로 성인 여드름이 얼굴을 뒤덮어 외모에 신경을 쓰지 않을 수가 없게 되었다. 온통 울긋불긋한 얼굴은 밖에서 사람들을 만날 때도 신경이 쓰였지만, 집 안에서도 거울을 볼 때마다 참을 수 없이 마음을 불편하게 했다. 특히 미간 사이 인도 여자가 찍는 빨간 점 같은 여드름이 뿔처럼 점점 커질 때는 거의 1분에 한번씩 그 자리를 만져대서 더 피부가 덧나고는 했다.

박사과정 중 시험에 대한 불안감으로 인해 잠도 잘 못 자다 보니 외모가 상할 대로 상했고, 더 이상 어떻게 할 수 없게 되었다는 생각에 관리도 하지 않는 악순환이 이어졌다.

한국에 귀국하고 정착해서 마음이 편해지고 보니 상한 얼굴이 눈에 들어왔다. 신혼 때는 이렇지 않았기 때문에 남편을 볼 때마다 뭔가 달라진 외모에 대해 위축되는 기분이 들었다.

"내가 처음 만났을 때랑 많이 달라졌지?"

어느 날 남편에게 용기내어 말을 꺼냈다.

"응, 달라졌지."

뜻밖의 직설에 충격을 받은 찰나, 그가 말했다.

"그때는 예뻤고, 지금은 아름다워."

아름답다니 무슨 말도 안 되는 소리냐고 했지만 나의 입꼬리는

외모 고민이 된다면

씰룩거렸다. 도저히 주관적인 외모 자신감을 유지하기 어려운 상황이었지만, 남편이 주는 근거 없는 자신감을 얻고 보니 뭔가 해볼 힘이 생겼다. 성인 여드름 흉터라는 게 회복되는 데 한계가 있고 시간도 오래 걸렸지만, 내 조건에 맞는 피부과 시술과 화장법을 꾸준히 시도하면서 조금씩 잃었던 자신감이 회복되는 것을 경험했다.

앞서 언급된 아름다운 몸매의 절대 기준인 허리와 엉덩이의 7:10 비율은, 특별한 소수의 여성만이 소유할 수 있는 비율이 아니다. 여성이 건강할 때 나타나는 몸의 자연스러운 비율일 뿐이다. 내 건강을 기준 삼아 몸매를 가꾸고 내 체형의 결점은 보완하고 강점은 강조하는 패션을 시도하는 것이 곧 아름다워지는 길이다.

내 과거의 성인 여드름처럼 무작정 자신감을 갖기 힘든 상황에서 이러한 변화를 시작하게 하는 건, 사랑하는 사람의 필터 낀 시선과 사랑이 담긴 말 한마디일 수 있다. 당신이 지금 연애 중이라면 상대방의 매력을 지나치게 객관적으로 평가하는 말을 하지는 말자. 사랑의 눈으로 예뻐해 주고 멋지게 봐주면 상대방은 점점 더 아름다워지고 멋있어질 수 있다.

✦ ✦ ✦

아름다운 몸매의 절대 기준인 허리와 엉덩이의 7:10 비율은,
특별한 소수의 여성만이 소유할 수 있는 비율이 아니다.
여성이 건강할 때 나타나는 몸의 자연스러운 비율일 뿐이다.

13

나에게 외모 자신감을 심어주었던 상대의 말이 있었나요? 반대로 나에게 외모 콤플렉스를 심어주었던 말은 무엇이었나요?

화장, 패션 등 지금 내가 할 수 있는 꾸밈이나 피부 관리, 운동 등 관리 방법이 있다면 즐거운 마음으로 다양하게 시도해보며 나에게 가장 어울리고 효과적인 방식을 찾아 나갑시다.

Box 7

냄새로 찾는 사랑

어떤 사람을 처음 만났는데, 냄새가 은근히 좋았던 적이 있었다. 이처럼 그냥 옆에 계속 붙어있고 싶은 느낌, 더 솔직히 뽀뽀하고, 껴안고, 한번 하고 싶은 느낌을 주는 상대가 있고 그렇지 않은 상대가 있다.

냄새로부터 오는 본능적인 느낌은 연인 선택에 있어서 매우 중요한 정보이다. 본능적인 느낌, 성적 끌림이라는 것이 생각보다 매우 스마트하기 때문이다.

그의 티셔츠에 밴 땀 냄새를 맡아봐야 하는 이유

이성의 냄새에 관한 연구 결과를 보면 흥미롭다. 우리의 본능이 찰나의 순간에 DNA 수준의 자세한 정보까지 꿰뚫어 볼 수 있다는 것을 알려준다. 스위스 베른대학의 웨더킨드 교수 연구팀은 우리가 가진 냄새로 더 선호하는 이성을 가려내는 능력이, 향후 태어날 아기의 면역력을 결정한다는 것을 밝혀냈다.

연구팀은 일단 사람들의 냄새를 채취하기 위해서 44명의 남성에게 면 티셔츠를 이틀 동안 계속 입고 있도록 하였다. 그다음, 연구에 참여하는 남성들을 모르는 49명의 여성에게 그들이 입었던 티셔츠 여섯 장의 냄새를 맡게 해서 더 좋은 냄새가 나는 것을 고르게 했다.

여섯 장의 티셔츠는 사람의 면역 기능의 분별력을 높이는 데 중요한 역할을 하는 MHC라는 단백질 타입에 따라, 여성과 같은 타입과 다른 타입의 남성이 입었던 티셔츠가 골고루 배정되었다.

그 결과 여성들은 MHC 단백질 타입이 본인과 다른 남성의 냄새를 선호했다. MHC 단백질은 크게 I과 II의 두 가지 타입으로 나뉜다. 남녀 두 사람이 만났을 때 그 타입이 같거나 다를 수 있는데, 타입이 다른 남녀가 만나서 탄생한 아이가 같은 타입의 커플이 낳는 아이보다 바이러스 등 외부 침입 세포와 자신의 세포를 분별해내는 면역 시스템의 분별력이 더 뛰어났다.

이 결과는 미국과 유럽의 5개 연구팀의 추가적인 결과를 통해서도 반복 확인되어 그 신뢰성을 입증했다. 사람뿐 아니라 물고기, 새, 생쥐 등 다른 종의 동물들도 MHC 단백질 타입이 다른 이성 동물에 대한 동일한 선호도를 보였다. 그렇게 만나 태어난 후

손 역시 면역체계의 기능이 더 좋은 유전적 강점을 가지고 태어난다.

냄새가 좋은 사람과의 관계가 더 행복하다

어떤 사람의 냄새가 좋다고 느끼는 것은 후손이 건강한 것 이상으로 많은 부분에서 우리의 관계를 예측할 수 있게 한다. 독일 드레스덴 대학의 크로머 교수 연구팀은 MHC 단백질의 차이가 커플의 전반적인 관계의 만족도와 성적 만족도, 지금 연애하는 상대방과 아이를 낳고 싶은 욕구와 연관성이 있는지 연구했다.

연구에는 254쌍의 남녀 커플이 참여했다. 이들이 정상적인 후각을 가졌는지 검사한 뒤 커플 두 사람 모두의 MHC 단백질 타입을 검사하고, 커플 간 솔직한 응답을 위해 개별적으로 설문에 응답하도록 했다. 그 설문에는 상대와의 관계에 얼마나 전반적으로 또 성적으로 만족하는지, 향수나 데오드란트 없이 상대의 냄새가 얼마나 좋다고 느끼는지, 상대와 앞으로 아이를 갖기를 (혹은 더 갖기를) 원하는지에 대한 질문이 포함되어 있었다.

연구 결과 전반적 관계 만족도와 성적 만족도 모두 MHC 단백질 타입이 서로 다른 커플들에게서 더 높게 나타났다. 이 결과에는 남녀의 차이가 없었다. 다만 여성은 본인이 선호하는 냄새를 의식적으로 감지하는 반면, 남성은 자신의 선호를 의식하지는 못했다. 여성은 의식적으로 MHC 단백질 타입이 다른 남성의 냄새를 더 좋다고 느꼈고, 나중에 함께 아이를 낳고 싶다는 생각도 더 강하게 느꼈다. 남성은 막연하게 MHC 타입이 다른 여성의 냄새를 선호했으나 의식적으로 물어봤을 때는 그 냄새가 더 좋다거나 그 사람과 아이를 낳고 싶다는 생각이 더 강하게 드러나지는 않았다.

냄새라는 본능적 감각은 더 행복한 관계를 맺고 건강한 후손을 낳으려는 인간의 욕망을 따라 발달하였다. 내가 후각이 둔감해서 냄새를 잘 맡지 못한다면, 키스를 해보면 확실하다. 행복한 연애를 하려면 내가 키스하고 싶은 상대와 만나야 한다. 본능적 이끌림을 외면하지 말기를 바란다. 나의 상대를 찾아내는 데 있어 당신의 본능적 감각은 당신이 생각하는 것보다 더 빠르고 정확하며 똑똑하기 때문이다.

✦ ✦ ✦

행복한 연애를 하려면 내가 키스하고 싶은 상대와 만나야 한다.

본능적 이끌림을 외면하지 말기를 바란다.

14

상대방의 냄새를 좋아하나요? 향수 등을 덧바르지 않은 체취를 맡았을 때 느낌이 어땠는지 떠올려보세요. 향기롭다기보다 쿰쿰하지만 계속 맡아도 뭔가 나쁘지 않은 냄새라면 합격입니다. 반대로 사람은 좋은데 키스는 하고 싶지 않다면 연인으로서 다시 생각해 볼 필요가 있어요.

고백할까 말까 망설여질 때

"너를 사랑해."

고백하고 싶지만 상대가 어떻게 반응할지 몰라 두려워하는 사람들에게 용기를 주는 연구 결과가 있다. 미국 MIT 대학의 죠슈아 에크만 교수는 628명의 대학생을 대상으로 사랑 고백에 대한 다섯 개의 연구를 진행했다.

연구 결과 사랑 고백을 받은 사람은 공통으로 '행복하다'고 느꼈고 남자가 여자보다 평균적으로 조금 더 행복해했다. 고백은 상대방으로 하여금 자신이 매력 있다고 느끼게 하는 기분 좋은 표현이다.

만약 지금 고백할까 말까 고민하고 있다면, (특히 여성들에게) 지금 그냥 용기 내어 상대를 행복하게 해주라고 말하고 싶다.

고백이 어려운 이유 3가지

사랑 고백은, 우리의 관계를 지금보다 더 진지하고 헌신적인 연인 관계로 발전시키고 싶다는 의미를 내포한다. 고백은 연애의 시작을 위해 꼭 필요한 과정이지만, 3가지 이유에서 어려운 일이다.

1. 스쳐 지나가는 호감인지 용기 내어 고백해야 하는 감정인지
   불분명해서.
2. 내 마음은 확실하지만 상대가 어떻게 반응할지 두려워서.
3. 언제 어떻게 고백해야 좋을지 몰라서.

심리학 연구에 따르면 고백은 망설이지 말고 하는 게 좋다. 실제로 나도 그랬고 주변에서도 용기 내어 고백할 수 있다면 '내가 원하는 사람'을 만날 수 있고, 고백을 하지 못하면 '나를 먼저 원하는 사람'만 만날 수 있다. 나에게 주어진 선택의 폭에 있어서 이 두 가지 경우의 차이는 생각보다 크다.

고백에 효과적인 방식: 성별에 따른 차이

'고백하기 어려운데, 꼭 대놓고 말해야 하나?' 하고 고민하는 당신에게 에크만 교수의 연구는 성별에 따라 다른 솔루션을 준다. 여성이 남성에게 고백할 때는 간접적인 방식도 충분하고, 남성이 여성에게 고백할 때는 보다 직접적이고 책임감 있는 표현

고백할까 말까 망설여질 때

이 필수적이다.

여기에 대한 이유는 우리가 먼 과거로부터 진화해 온 과정에서 찾을 수 있다. 남녀의 연애 관계는 진화론적으로 건강한 자손을 퍼뜨릴 수 있는가를 중심으로 발전해왔고, 고백은 그 상대를 확정 짓게 하는 중요한 의사결정 포인트이기 때문이다.

여성은 상대적으로 자녀의 출산과 양육에 대한 부담이 크고, 잘못된 결정을 했을 때의 여파를 본인이 짊어져야 하는 식으로 오랫동안 프로그래밍 되어 왔다. 양육에 대한 부담으로부터 스스로를 방어하기 위해 여성은 상대방이 관계에 헌신하는 정도를 과소평가하는 방식으로 반응한다. 따라서 잘해줄 뿐 직접적인 고백을 하지 않는 남성에게 여성은 저 사람이 나에 대해 느끼는 감정은 그냥 호감 정도라고 과소평가하게 된다는 말이다.

이런 특징을 알고 남성은 에둘러 잘해주는 것으로 호감을 표현하는 것이 아니라, 분명하고 직접적으로 사랑한다고, 사귀자고 표현해야 한다.

반대로 상대적으로 자녀 양육의 부담이 적고, 상대와의 섹스 기회를 놓치지 않는 것이 중요한 남성은 자신과의 섹스 가능성이 조금이라도 있는 상대를 놓치지 않기 위해서 상대의 호감을 과대평가하는 식으로 반응한다. 그래서, 가끔 보면 여성은 그냥 예의상 웃어줬을 뿐인데 '재는 분명 날 좋아한다'라고 오해하는 남성들이 생겨난다.

우리 문화에서 적극적으로 대시하는 여성을 부담스러워하는 남자들이 있음을 감안할 때, 적극적으로 맞장구쳐주고, 먼저 연락하고, "함께 영화 보고 싶다" 등으로 만남의 이유를 만들어가며 마음을 표현하는 것이 여성들에게 효과적인 방법일 수 있다.

상대를 가장 행복하게 하는 고백 방법과 타이밍

고백은 어떻게 하는 게 좋을까? 만나서 자연스럽게 말을 건네야 할까, 꽃과 선물을 사서 근사한 이벤트를 해줘야 할까?

고백의 방법은 상대방의 상황과 성격을 고려해서 결정해야 한다. 일반적으로 소소한 이벤트는 고백받는 사람을 더 행복하게 할 것이다. 그러나, 상대방이 주목받는 것을 싫어하고 부끄러움을 많이 타는 사람이라면, 대강당 콘서트장에서 고백 이벤트를 하는 것은 부적절하다.

나와 내 친구와 그 사람이 삼각관계에 있다거나, 어떤 다른 곤

고백할까 말까 망설여질 때

란한 상황에 있을 때도, 공개적인 고백은 별로 좋지 않은 방법일 수 있다.

고백에 있어 어쩌면 방법보다 더 중요한 건 타이밍이다. 에크만 교수 연구에 따르면 고백 타이밍이 그 사람과 성적인 관계가 시작 되기 전인지, 관계가 진행된 후인지가 생각보다 중요한 변수다.

에크만 교수는 고백을 기점으로 관계가 더 깊어지고 성적으로 진전되는 경우가 많다는 것을 고려해서, 성관계 전이나 후의 고 백 중 어떤 것이 더 그 사람을 행복하게 하는지 조사하였다.

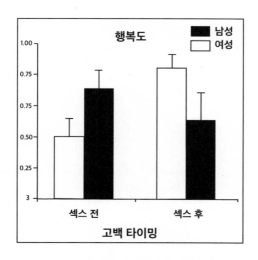

[그림 7] 고백 타이밍에 따른 상대방의 행복감
(왼쪽은 섹스 전 고백, 오른쪽은 섹스 후 고백 : 흰색은 여성, 검은색은 남성의 반응)

위에 그래프를 보면 검은색의 남자 그래프와 흰색의 여자 그래프가 서로 반대 패턴을 보인다. 남자는 사랑한다는 말을 들은 뒤 섹스로 이어졌을 때 행복했고, 여자는 섹스하고 나서 사랑한다고 고백받았을 때 더 행복해했다. 남자는 사랑을 확인하면서 섹스 가능성이 보이면 행복해졌고, 여자는 섹스 후 느껴지는 약간의 불안한 타이밍에 고백을 받으면 더 관계가 굳건해진다고 느꼈던 것이다.

내가 더 적극적으로 대시하고 싶은 사람에게 할 수 있는 조언은 남녀에 따라 다르다. 남성들은 스킨십 전에도 사랑을 분명하게 말하는 게 필요하지만 스킨십이 진행되었다면 꼭 그 후에 잊지 말고 사랑한다고 표현해야 한다. 여성들은 섹스하기에 앞서서 사랑을 표현하는 게 상대를 더 행복하게 한다. 그 사람이 좋다면 여성들은 몸보다 말이 앞서야 한다.

또한, 성별뿐 아니라 얼마나 헌신적인 연인 관계를 원하는지에 따라서도 언제 고백하느냐에 따라 그 행복도가 달라졌다.

장기간의 헌신 된 관계를 원하는 사람은 성별과 관계없이 섹스 후에 상대가 하는 사랑 고백에 더 행복함을 느꼈다. 짧고 자유분방한 관계를 추구하는 사람은 성관계 전 사랑 고백에는 짜릿해하며 행복했지만, 성관계 후 고백에는 상대적으로 별 감흥을 못 느꼈다. 상대가 자유분방한 사람이라면 더더욱 스킨십보다는 말로 하는 고백이 먼저라야 행복하게 연애할 수 있다는 의미다.

고백이 실패했을 때의 주의사항

마지막으로 '고백했는데, 차이면 어떻게 하지?'와 같은 고민이 있을 수 있다. 사랑이 어려운 것은 내가 아무리 그를 사랑한다고 해도 그도 나를 사랑해줄 거라는 보장이 없다는 것이다.

친구 관계마저 끊어질까 걱정되고, 거절당할까 봐 두려워서 고백을 미루게 되는 사람들이 많다. 거절당하느니 그냥 불확실함 속에서 애매한 관계를 이어가는 게 낫다고 생각할 수 있다.

그러나, 타이밍을 놓치면 서로 눈치만 보다가 잘 될 수 있는 관계도 흐지부지되어 버린다. 잘 되지 않을 관계라면 고백을 안 하고 미적거린다고 달라질 것은 없다. 나에게 있는 연애의 기회를 잡기 위해서는, 일단 과감히 고백해야 한다. 쓸쓸하지만 그의 반응이 거절이라면 그건 그 사람의 결정이므로 어떤 결정이든지 받아들여 주어야 한다.

이때 내 마음속에서 그가 내린 결정을 해석할 때 조심해야 하는 부분이 있다. 그 사람의 거절이 의미하는 바는 분명 '내가 가치 없다'는 게 아니라 '그와 내가 잘 맞지 않는다'는 것뿐이라는 부분이다. 내가 사랑하는 사람이라고 해도 나의 가치를 판단할 자격은 없다. 그 자격은 나에게만 있고, 나는 어떤 상황에서도 나 자신의 가치를 지켜주는 사람이어야 한다.

나도 놓치고 싶지 않은 사람이 있어 용기 내어 고백한 후 거절을 경험했었다. 상대의 문자를 통한 거절을 받아보고 엄청난 민망함이 몰려왔고, '내가 그렇게 별로인가'라는 생각에 씁쓸함이 컸다. 그래도, 그의 의사를 명확하게 확인했기에 그 관계에 대해서는 더 이상의 후회나 미련이 남지 않았다.

깔끔하게 정리된 내 마음의 빈자리에는 다른 좋은 사람이 들어왔고 서로 사랑하는 연인이 되었다. 지금 그 기억은 '그때 너무 민망했었지' 하면서 혼자 이불킥하는 과거의 사연일 뿐이다.

주변을 보면 삶을 열심히 살고, 깊은 사랑을 나눌 수 있는 괜찮은 사람임에도 사랑을 시작하는 것에 소극적인 사람들이 많다. 반면, 상대에게 적극적으로 고백하고 공격적으로 연애하는 사람

고백할까 말까 망설여질 때

중에, 장기적으로는 좋은 연인이 아닌 경우도 많이 봤다.

내가 먼저 고백하지 못하고 나에게 다가오는 사람들만 만난다면 연애에 공격적으로 임하는 사람들만 만나게 되거나 연애 자체를 하기가 어려워진다.

흙 속의 진주와 같은 귀한 사람을 만나고 싶다면, 내가 먼저 고백해보자. 당신의 용기 있는 고백을 응원한다.

✦　✦　✦

내가 사랑하는 사람이라고 해도 나의 가치를 판단할 자격은 없다.
그 자격은 나에게만 있고, 나는 어떤 상황에서도
나 자신의 가치를 지켜주는 사람이어야 한다.

좋아하는 상대가 있어서 고백을 생각하고 있나요? 여성이라면 간접적인 관심 표현과 리액션으로 시작해서 용기 내어 표현하세요. 결과에 상관없이 당신의 고백은 상대방을 행복하게 해 줄 수 있는 용기 있는 행동입니다. 거절당했다 해도 이불 킥하는 한때의 추억으로 남을 뿐이에요.

거짓말하는 사람과의 치명적인 관계:
바람에 대해 나눠야 할 이야기

"여기서 한 번도 바람피워본 적 없는 사람 손들어 보세요."

 취업에 성공한 친구가 회사 연수에 가서 술을 마시고 직장동료들과 진실게임을 하는 자리였다. 질문을 듣고 당연히 손을 든 친구는 주위를 둘러보고 충격에 빠졌다. 본인을 빼고 아무도 손을 들지 않은 것이다. 대부분 기혼자였던 그 회사의 대리, 과장들은 겉보기에 지극히 평범해 보이는 사람들이었다. 나 역시 불륜이 그렇게 흔하다는 것을 믿기 힘들었고, 충격에 빠졌다.

 서울신문과 마이크로밀 엠브레인의 2015년 조사에 따르면 전체 기혼 성인의 24%가 배우자 외의 대상과 성관계를 가진 경험이 있다고 응답했다. 남성은 20대 25%에서 50대 51%까지 연령대가 높아질수록 경험률이 높아졌고, 여성은 상대적으로 낮은 10% 정도로 연령별 차이는 거의 없었다. 평균적으로 네 명 중 한 명이 불륜을 저지르고 50대가 되면 두 부부 중 한 부부는 남편의 불륜으로 인한 문제를 겪었다는 의미다. '설마 나에게 그런 일이 있겠어?' 하고 살아가기엔 우리 주변에 불륜이 너무 흔하고, 그로 인한 상처가 너무 깊다.

불륜에 대한 심리학적 이해가 필요한 이유

불륜을 겪으며 깨어진 관계를 치료하는 데 특화된 부부관계 전문 심리치료사들이 있다. 불륜을 이해하기 위해 『우리가 사랑할 때 말하지 않는 것들』을 집필한 부부 치료사 에스터 페럴은 불륜으로 인한 상처를 딛고 일어서기 위해 무조건적인 비난 이전에 심리학적으로 불륜의 경험을 이해하는 과정이 반드시 필요하다고 말한다.

심리학은 기본적으로 사람을 바라볼 때 아무리 도덕적으로 문제가 있어 보이는 행동을 하더라도 판단하지 않고 관찰한다. 그의 성장배경과 상황에 비춰보면 겉으로 이상한 행동이라도 왜 그렇게 행동했는지 이해할 수 있다는 관점을 갖고 접근하기 때문이다. 이러한 관점에서 이해할 수 있는 대상에 있어 불륜을 저지른 사람이나 그의 싱글 혹은 기혼 내연녀도 예외는 아니다.

불륜을 저지른 사람을 무조건 비난하거나, 일부 비도덕적인 사람만의 문제로 치부하는 태도는 실제로 자신에게 불륜 문제가 터졌을 때 전혀 도움이 되지 않는다. 불륜으로 다친 마음을 치유하기 위해서는 힘들더라도 그 사건과 자신의 사이에 마음의 거리를 유지하면서 불륜 관계가 처음 일어나고 지속되었던 이유를 객관적인 관점에서 정리하는 과정이 필요하다. 그 과정에서 내 마음의 상처를 치유하고 나 자신을 사랑하며 앞으로 건강한 연인관계를 지켜나가기 위한 방법들을 발견해 나갈 수 있기 때문이다.

불륜의 원인 세 가지

불륜이 일어나는 원인은 무엇일까? 오스트리아의 심리학자 게르티 젱어는 3년간 절대 비밀보장을 한 상태에서 불륜에 대한 설문조사와 인터뷰를 진행한 뒤 불륜이 일어나는 원인을 '커플 관계에서의 3가지 종류의 불균형'에서 오는 것으로 정리했다.

1. 개인의 자율성과 커플 간 결속력 사이의 불균형
2. 관계 안에서 서로 변화되어야 한다는 요구와 있는 그대로
   받아들여 주는 것 사이의 불균형
3. 애정을 서로 주고받는 정도에 있어서의 불균형

불륜 문제를 겪는 커플은 공통으로 관계에 있어 중요한 세 가지 균형 중 하나 이상이 깨어져 있었다. 이런 불균형은 서로 너무 구속하거나 반대로 너무 무관심한 관계, 관계 안에서 상대를 위해

전혀 변하려고 하지 않거나, 서로 있는 그대로 받아들여 주는 면이 너무 부족한 관계, 한 사람만 상대에게 애정을 일방적으로 주고 상대는 반응하지 않는 등의 불균형한 특성을 보인 관계로 나타났다.

반대로 서로 자율성을 존중하면서도 커플로서 관계가 굳건하고, 주기적으로 상대를 위해 자기를 변화시키고 변화될 수 없는 면은 있는 그대로 받아들여 주고, 애정을 서로 주고받는 등 관계의 균형을 잘 유지하고 있는 부부간에는 불륜의 문제가 발생할 가능성이 거의 없었다.

어려운 부분은 관계의 균형이란 건 한 시점에 완성된 후 끝나는 게 아니라 계속해서 서로 맞추어가며 노력해야 유지될 수 있다는 점이다.

관계의 균형과는 별개로, 개인적으로 관계에 너무 의존적이거나 자존감이 낮다면 불륜에 취약해질 수 있다. 불륜의 관계에서 벌어지는 은밀한 만남은 흔들리는 자존감과 불확실한 정체성, 삐걱거리는 부부관계로부터 느껴지는 한계를 채우려고 시작되는 경우가 많기 때문이다.

상대적으로 남성보다 관계에 더 의존적인 여성들은 자신이 파트너의 관심 밖에 있다고 느낄 때 특히 불륜의 유혹에 취약해진다. 의존적인 관계 성향이 높은 사람일수록 불륜이 아닌 관계에서도 모욕감을 주는 불행한 관계를 맺는 경우가 많고, 거기에서 벗어나고 싶어서 불륜 관계를 시작하게 된다. 그 불륜 관계도 머지않아 또 다른 불행한 관계로 변질되기 쉽지만 그들은 혼자가 된다는 두려움에 불륜 관계가 자신에게 주는 고통을 참고 견딘다.

불륜 관계를 맺는 4가지 유형의 사람들

연구를 통해 밝혀진 불륜 관계를 맺는 사람들에게서 나타나는 대표적인 4가지 유형이 있다.

1. 사냥꾼 유형

사냥꾼 유형은 불륜을 시작하며 기존 연인관계를 파괴하는 역할을 하는 사람이다. 그들은 심리적 발달 과정에서 부모-자녀 간 오이디푸스적 삼각관계(이성 부모를 원하지만 동성 부모가 두려워 그 욕망을 드러내지 못함)에서 벗어나지 못하였고 애착 관계에 대한 불안을 갖고 있다. 그들은 사냥하듯 이미 임자가 있는 사람을 사랑하는 것을 좋아하지만, 막상 그 사람을 자기 손에 넣으면 곧 흥미를 잃는다.

사냥꾼 남성은 상대와의 대화를 통해 감정을 알아주며 공감대를 형성하는 데 능하며, 유머러스한 전략을 사용하여 상대를 유혹한다. 그들은 유혹을 위해서 상대에게 온전히 집중함으로써 상대가 무엇을 필요로 하는지 정확히 감지하고 거기에 맞는 전략을 사용할 수 있지만, 본래 타인 중심적이지는 않다. 현재 이해심이나 유머감각이 없는 배우자를 둔 사람들에게 상대적으로 그렇게 느껴지도록 행동할 뿐이다.

여성 사냥꾼 유형은 유혹적인 행동과 외양을 통해 자기가 유혹하려는 대상에게 성적인 신호를 보낸다. 자기 확신이 없고, 부인과의 성생활에서 부인의 기대를 잘 충족시키지 못하는 남성이 사냥꾼 유형의 여성에게 쉽게 유혹된다. 사냥꾼 유형에게는 유혹 자체가 목표일 뿐, 관계 안에서 헌신하려는 의지가 없기 때문에 불륜으로 시작된 관계가 더 발전되고 책임질 일이 생기면 그들은 그 관계를 바로 정리해버린다.

2. 전략가 유형

불륜을 저지르는 사람 중 전략가 유형은 다소 의식적으로 자신

거짓말하는 사람과의 치명적인 관계: 바람에 대해 나눠야 할 이야기

의 목표를 추구하는 타입으로, 기존 관계를 파탄으로 이르게 한다는 점에서 가장 위험한 유형이다.

전략가 유형은 임자가 있는 사람에게 은밀하게 다가가 처음에는 작은 것에도 만족해하지만 갈수록 점점 더 많은 것을 요구하며 상대를 온전히 자기 사람으로 만들려고 한다. 가볍게 시작한 불륜 관계는 전략가의 폭로에 대한 협박과 압력, 회유를 통해서 점점 끊어낼 수 없는 강압적인 관계로 변해가게 된다. 잠깐의 충동으로 시작된 불륜 관계일지라도 불륜 상대가 전략가 유형이라면 원래 있던 부부 관계는 파탄으로 이어질 가능성이 크다.

3. 희생자 유형

희생자 유형은 사냥꾼이나 전략가와는 다른 동기로 불륜 관계를 시작한다. 그들의 동기는 어떤 것도 막을 수 없는 맹목적 사랑이다. 희생자 유형은 이미 임자가 있지만 자신이 사랑할 수밖에 없는 상대의 사랑을 얻기 위해서 필사적인 노력을 기울이며, 그 과정에서 자신의 체면을 구기는 굴욕적인 일들도 마다하지 않는다. 희생자 유형이 맺는 불륜 관계의 결말은 그리 좋지 않은 경우가 많다. 불륜의 과정에서 희생자 유형의 여성이 임신하게 되는 경우, 상대에게 받지 못한 애정을 아이에게 보상받으려 하는 악순환 속에서 아이에게도 상처와 부담이 되는 결과를 낳게 된다.

4. 우유부단한 유형

　우유부단한 유형은 불륜을 먼저 시작하기보다는 다가오는 사람이 있을 때 수동적으로 불륜 관계를 이어가는 타입이다. 결단력이 약하거나 무의식적으로 결정 자체를 피하면서 불륜 관계를 지지부진하게 존속시키는 역할을 한다.

　그들은 삶에 있어 욕심과 미련이 많아서 결혼 관계와 불륜 두 관계를 저울질하며 어느 것 하나 놓지 못하고 불륜 관계를 시작한다. 애인 때문에 아내를 떠나고 싶지만 동시에 아내에게 어떠한 아픔도 주고 싶지 않은 마음. 혹은 유부남과의 불륜 관계가 주는 짜릿함을 느끼면서 현재의 부부관계가 주는 안정감도 포기하고 싶지 않은 마음으로 불륜 관계를 지속하는 경우가 여기에 해당한다.

내연녀가 불륜 관계를 이어가는 이유

　불륜으로 인해 자신의 인생이 산산조각 나는 대상들 중 심리학자들이 특히 최약체라고 부르는 존재는 바로 '내연녀'나 '내연남'이다. 그들은 자신에게 해를 가할 수 있는 존재에 대한 육감과 분별력을 떨어뜨리는 어린 시절의 상처를 간직하고 있다. 그 상처는 대개 어린 시절 부모로부터 과도하게 통제당했거나 반대로 전혀 관심받지 못하고 방치되었던 경험으로부터 오는 경우가 많다.

장기적인 불륜 관계를 끌어가는 사람은 배우자와의 친근하고 굳건한 관계 외에도 내연녀(남)에게서 받는 이성적 자극까지 모두 취하려는 사람들이다. 자신의 애인으로 하여금 그녀만을 사랑하고 있다고 믿게 설득하며 기존 관계를 깨는데 필요한 조건을 건다. 아이가 크면, 부인과 이혼하면, 빚을 다 갚으면 너와 함께할 수 있다며 내연녀에게 미래에 대한 강한 믿음을 심어준다. 그렇게 자신의 일상에는 아무런 변화도 일으키지 않은 채 내연녀한 사람을 몇 년 동안 잡아둔다.

장기적 불륜 관계가 주는 심리적 갈등 속에서 내연녀는 병적인 사이클을 겪게 된다. 처음에는 열정으로 시작된 관계가, 떳떳하지 못한 관계가 되면서, 비밀을 지키기 위해 자신을 사회로부터 격리시킬 수밖에 없는 이유가 된다. 계속되는 내면의 도덕적 갈등 속에서 본래의 자신을 잃어버리게 되는 인격 해체까지 일어나는 경우가 많다. 내연녀(남)의 입장에서는 자기 자신보다 비밀스러운 불륜 관계를 앞세워야 관계의 유지가 가능하다. 자기애가 강한 사람은 본부인이 아닌 그림자 같은 존재로 여겨지는 과정을 견뎌낼 수 없다.

불륜으로 결혼까지 한 관계는 행복할까

대부분 불륜 관계는 장기적으로 이어지기보다는 새로운 삶의 장으로 들어가는 변화의 과정에 불과한 경우가 많다. 불륜이 결혼까지 가는 경우는 매우 드물다. 이 드문 확률로 부부가 된 커플들의 절반 정도는 다시 이혼으로 관계를 끝맺게 된다.

조지아 주립대 프랭크 피트만 교수는 불륜으로 시작된 관계가 어떻게 진행되었는지 조사한 연구 결과를 발표했다. 불륜으로 시작된 관계 안에서 배신한 이전 관계에 대한 죄책감이 커질수록 관계는 나빠졌다. 이 관계에서도 자신이 저지른 것과 같은 배신을 당할지 모른다는 불안과 의심이 관계를 망친다. 불륜은 당사자 못지않게, 그들로 인해서 인생이 부서지고 배신감에 괴로워하는 배우자, 자녀들에 이르기까지 광범위한 사람들에게 영향을 미치기 때문에 죄책감이 계속 따라다니며 문제가 된다.

배신당한 당신이 다시 일어서기 위해서는

페럴은 불륜이라는 사건 때문에 부서진 마음을 추스르고 관계에 대한 신뢰를 회복하기 위해서는, 괴롭더라도 그 과정을 돌아

거짓말하는 사람과의 치명적인 관계: 바람에 대해 나눠야 할 이야기

보는 시간이 반드시 필요하다고 말한다. 무슨 일이 벌어졌던 건지, 왜 바람을 피운 건지, 예방책은 없었는지에 대해 생각하는 것은 불륜이라는 사건을 이해하고, 거기에서 무언가를 배워 다시 누군가를 (혹은 다시 그를) 사랑하는 데 필요한 정보를 준다.

불륜은 사실 불륜 당사자가 관계에 있어 진정으로 원하지만 표현하지 못했던 부분에 대해 알려주는 것들이 많다. 그가 관계 안에서 무엇을 기대하고, 무엇을 정말 원하고, 어떤 것을 받을 자격이 있다고 느꼈는지가 불륜 관계의 특성을 통해 드러나게 된다.

분명히 해야 할 점은 불륜 자체를 언급할 가치도 없는 죄악으로 치부하지 않고 얘기할 수 있게 하는 것이 불륜을 눈감아주는 것은 아니라는 것이다. 오히려 이는 곪은 부분을 드러내고 치료해 전체가 썩어버리는 것을 막으려는 시도에 가깝다. 불륜을 둘러싼 상황을 개인의 부정함이나 부부의 관계가 나빴던 탓으로 단순하게 판단하고 끝내면, 그 일을 겪고 상처받은 당사자들에게는 아무런 성장의 가능성도 남지 않기 때문이다.

열린 관점으로 볼 때 불륜은 윤리적으로 문제가 있는 소수의 사람만 저지르는 문제가 아니라, 특정 기회와 상황이 주어졌을 때 누구나 한 번쯤 빠져들 수 있는 유혹이다. 우리는 우리 존재가 가진 상충하는 욕망을 감안하여 사랑하는 사람 간 신뢰에 대한 정의를 다시 내려야 한다.

우리의 연애 관계 안에서 일어나는 모든 것이 다 예측 가능하지 않다는 것을 인정해야 한다. 섣불리 우리에겐 바람피울 가능성은 결코 없다고 속단하는 건 좋지 않다. 어떤 상황에서도 서로를 보호한다는 미명 아래, 속이며 기만하지 말고 가능한 한 가장 빠른 시점에 진정성 있는 대화를 하자는 게 연인으로서 서로에게 할 수 있는 최선의 약속이 아닐까 싶다.

심리학자들은 불륜을 일종의 삼각관계라고 말한다. 불륜과 같은 삼각관계가 인간사에서 지속되는 이유는 그 관계를 통해서 우리에게 충족되는 무의식적, 의식적 바람이 있기 때문이다. 삼각관계에 얽혀있는 사람은 이 관계가 본인이 원하는 대로 정리될 거라는 희망과, 한 관계 안에서 원하는 모든 게 충족될 수 없는 현실적 한계 사이에서 갈등하고 있는 것이다. 불륜을 딛고 관계 안에서 성장하기 위해서는 지금의 비뚤어진 관계가 바라는 대로 이루어질 것이라는 비현실적인 예측에서 벗어나 나의 어두운 그림자를 직면해야 한다. 불륜은 내 안에 감춰진 방어기제, 어린아이의 의존성, 지금 관계의 부자유함 등으로 인해 생겨난 표면적 문제일 수 있기 때문이다.

거짓말하는 사람과의 치명적인 관계: 바람에 대해 나눠야 할 이야기

바람 예방주사: 커플이 함께 얘기해보면 좋은 11가지 질문들

불륜의 위기를 완전히 막을 수는 없지만, 그 충격을 완충하거나 예방하는데 불륜이 관계에 대해서 던지는 질문들을 커플이 미리 함께 이야기하는 시간을 가지는 것이 도움이 될 수 있습니다. 결혼 전의 사람이라면 결혼이라는 제도가 나에게 맞는 것인지를 가늠해볼 수 있는 방법으로 활용할 수도 있어요. 부부치료사들이 불륜 당사자들을 위한 심리치료에 활용하는 질문을 우리 문화에 맞추어 조금 수정해보았으니 가벼운 마음으로 적어보세요.

1. 어떤 것들이 우리를 안정된 관계 밖으로 끌어내게 할까?

2. 상대가 다른 사람과 섹스하는 것이 왜 그토록 가슴 아픈 일일까?

3. 바람을 피우는 것은 늘 이기적이고 나약한 행동이기만 할까?

4. 어떤 특수한 경우에 바람이 이해받고 용인될 수도 있다고 생각하게 될까?

5. 어떤 사람에게는 바람이 용기 있는 선택이 될 수 있을까?

6. 우리가 바람이 주는 흥분에서 무언가를 배워 지금의 관계를 더욱 생기 있게

   만들 수 있을까?

7. 일부일처제는 우리 커플에게 공통된 가치관일까?

8. 열정에는 유통기한이 있는 것일까? 열정이 사라진 후의 관계에 대한

서로의 생각은 어떤 것일까?

9. 커플 간 신의를 지킨다는 건 각자에게 어떤 의미일까?

10. 성관계에 대해서 내가 가지는 특정한 죄책감이나 강박관념이 있을까?

11. 과거에 나, 다른 사람, 혹은 가족의 바람으로 인한 상처가 서로에게 있었을까?

Box 8

결혼의 의미

사랑하는 커플의 해피엔딩을 표현하기 위해 로맨틱 코미디 영화의 마지막 장면에는 아름다운 드레스와 턱시도를 입고 모든 등장인물들의 축하를 받는 커플의 결혼식이 자주 등장한다. 눈부시게 웃으며 키스하는 두 사람의 결혼은 아름다운 사랑의 약속이며, 그 커플이 오래오래 행복하게 함께 살고 싶다는 결단의 표현으로 해석된다.

결혼은 태곳적부터 정해져 내려오는 신성한 의식이라기보다 사회적 필요에 맞게 변화해온 제도에 가깝다. 미국 노스웨스턴대 심리학과의 엘런 핀켈 교수는 『괜찮은 결혼』을 통해 결혼제도의 변천사를 설명한다.

근대의 결혼, 가족 간의 계약

1900년대 초 결혼은 농경 사회에서 부족한 노동력을 보충하는 수단으로 사용되었다. 당사자보다는 부모나 조부모 주도로 이루어지는 가족 간의 약속이었다. 우리의 조부모와 일부 부모 세대들이 얼굴도 모르고 부모가 짝지어주는 사람과 결혼했다는 이야기가 이런 옛 관습을 대변한다.

우리의 조부모와 일부 부모 세대는 그렇게 상대를 만나서 남편과 아내의 역할로 정해진 농사일, 바깥일, 가사를 하고 자녀를 키우며 개인의 바람이나 특성과는 상관없이 틀에 박힌 결혼 생활을 했다. 이 시기 부부 관계에 있어서는 서로의 역할에 충실하지 않았을 때 사회적 비난이 거셌기 때문에, 원하든 원치 않든 결혼 관계는 이어지는 경우가 많았다. 결혼에 있어 만족하기보다는 불만족스러운 관계를 어쩔 수 없이 받아들이는 사람이 대부분이었다.

현대의 결혼: 로맨틱한 개인 간 약속

결혼이 로맨틱한 선택에 의해 결정되는 관계로 변화되고 사랑의 완성처럼 여겨지기 시작한 것은 현대의 일이다. 산업화가 시작되면서 젊은이들이 홀로 상경하여 일을 하기 시작하고 할아버지, 할머니와 함께 대가족이 함께 사는 가족의 구성이 해체되었다. 결혼할 커플을 맺어주는 데 주체적인 역할을 했던 조부모와 부모 세대의 역할은 축소되었고, 농사를 위한 가족 단위 노동력의 필요성도 사라졌다. 여성 역시 산업화의 흐름을 타고 가정 경제의 틀을 벗어나 독립적으로 노동을 하기 시작했다. 이러한 변화에 따라 결혼은 여성과 남성의 자발적인 선택에 의한 서로 사랑하는 커플이 하는 약속이라는 관념이 생겨났다.

밀레니엄 시대로 접어들면서 관계를 위해 자신을 희생하기보다 '나의 행복'과 '자아 정체성'을 추구하는 것이 중요해지는 가치관이 대두되고 있다. 결혼 관계 안에서도 나의 행복과 성취를 계속 이어갈 수 있는지가 중요해졌다.

핀켈 교수는 이 시대 부부들 사이에 결혼 만족도의 양극화가 일어나고 있다고 말한다. 과거의 부부들이 대부분 그저 그런 부부 관계를 유지해왔다면, 지금 좋은 부부관계를 누리는 사람들은 사랑과 존중이 넘치는 관계, 최고의 섹스, 경제적 안정, 자아실현까지 모두 누리는 최고의 결혼생활을 만들어 가고 있다.

반면, 불만족스러운 부부 관계를 맺은 커플들은 서로 성장하지 못하게 발목 잡고 상처 주며 독신인 사람보다 훨씬 불행한 생활을 하는 등 부부생활의 만족도가 극과 극으로 나뉘고 있다는 것이다.

남들과 반대로 진행된 나의 결혼과 신혼

나는 결혼 여부가 사랑 여부를 지속적해서 보장해주지는 못한다고 생각했지만, 그래도 결혼했다. 내가 결혼을 했던 건 우리 커플이 미국과 한국으로 떨어져 살 수밖에 없게 된 위기 상황에서 결혼을 통해 우리의 관계를 대외적으로 공표하는 것이 서로에게 안정감을 주었기 때문이었다.

결혼식을 올리고 바로 함께 살기 시작하는 일반적인 부부들과 다르게, 우리는 서로 너무 좋았던 시기에 커리어를 위해 남편은 한국에 나는 미국에 떨어져 사는 것으로 결혼 생활을 시작했다. 결혼식 날 서로에게 쓴 편지를 읽으며 앞으로 헤어져 사는 데 대한 슬픔에 눈물이 멈추지 않았다.

그렇게 서로가 안쓰럽고 그리웠으며 때로는 빈자리가 사무쳤던 시간은 4년이나 계속되었다. 스스로 저주받았고, 꼬였다고 생각했던 시간이었다. 그러나 인생에 있어 무엇이 진정한 저주이고, 축복인지는 죽기 전까지 알 수 없는 것 같다.

그 넘치던 자유와 고독의 시간이 준 외로움과 상처는 우리가 다시 한집에 살게 된 후 우리 부부에게 소중한 자산이 되었다. 이것저것 요구하고 따지는 것 없이 그냥 서로 옆에 있어 주는 것만으로 감사할 수 있게 되었던 것이다. 매일 타는 시내버스를 타면서도 소중히 서로 손을 잡고 타고 내렸던 그 시절을 생각하면 웃음이 터져 나온다. 본래 우리는 둘 다 욕심이 많고 그렇게 소박한 바람을 가진 사람들은 아니었다. 떨어져 살아야 했던 고통의 시간이 우리를 그렇게 변화시켰다.

법이 규정하는 결혼의 5대 의무

사랑에 빠졌을 때 우리가 종종 간과하는 사실은 결혼은 어디까지나 사회의 안정과 필요를 위해 법적으로 규정된 제도라는 점이다. 우리는 결혼 생활의 시작과 함께 국가에 혼인을 '신고'해야 하고 그 관계를 정리하기 위해 이혼 '소송'을 거쳐야 한다.

현대의 결혼 관계에서 서로 꼭 지켜야 하는 의무 또한 법적으로 정해져 있다. 우리나라 민법 862조 1항을 보면 결혼한 부부는 1)동거 2)부양 3)협조의 의무를 가진다. 법적으로 부부는 한 공간에 함께 살아야 하고, 서로를 경제적으로 부양해야 하며, 일상생활을 영위하고 자녀가 생긴다면 양육을 서로 도와야 할 의무가 있다는 의미이다.

우리나라 법은 부부를 평생 지속되는 생활공동체이자, 경제공동체로 규정하고 있다. 추가로 법이 규정하는 두 가지 부부의 의

무는 법적 이혼 사유에 나타나 있다.

민법 840조는 이혼에 이를 수 있는 아래 6가지 사유를 제시한다.

1. 배우자에 부정한 행위가 있었을 때 (배우자가 불륜을 저질렀을 때)
2. 배우자가 악의로 다른 일방을 유기한 때 (상대를 돌보거나 지원하지 않았을 때)
3. 배우자 또는 그 직계존속으로부터 심히 부당한 대우를 받았을 때 (시부모나 처가 부모님으로부터 심한 대접을 받았을 때)
4. 자기의 직계존속이 배우자로부터 심히 부당한 대우를 받았을 때 (남편이나 아내가 서로의 부모님을 심하게 대했을 때)
5. 배우자의 생사가 3년 이상 분명하지 아니한 때 (배우자가 갑자기 떠나버렸거나 실종되었을 때)
6. 기타 혼인을 계속하기 어려운 중대한 사유가 있을 때

이 중 부부의 3대 의무와 겹치지 않는 것은 불륜 등 다른 애정 관계가 없어야 한다는 부분과 서로의 부모님과 잘 지내야 한다는 부분이다.

먼저, 애정 관계에 대한 부분을 정리해 보자. 아랍 국가 등 일부다처제가 아닌 우리 문화권에서의 결혼은 '일부일처제'라는 조건을 걸고 있다. 일부일처제는 부부 관계에 하나의 남편과 하나

의 아내만 있을 수 있다는 제도로서, 혼인 관계가 지속되는 평생 이 사람과만 연인으로 관계 맺겠다는 약속을 의미한다.

사랑에 푹 빠졌을 때, 혹은 서로가 매력 있고 젊을 때 결혼을 약속하는 사람들은 이 부분의 어려움을 간과하는 경우가 많다.

본인에게 혹은 상대에게 배타적인 일부일처제가 가장 적합한 관계의 형태인지는 연애 경험을 되짚어 보면 알 수 있다. 상습적 양다리, 문어 다리, 계속해서 바뀌는 연애 상대에 대한 경험이 있다면, 자신을 있는 그대로 인정할 필요가 있다.

일상의 자잘한 구속이나 서로 맞춰가는 과정에서 자신이 변화되어야 하는 부분을 참을 수 없는 사람도 있다. 현대의 로맨스에 기반한 결혼제도가 맞지 않는 사람도 분명히 존재한다.

요즘 결혼이 필수가 아닌 선택이 되고 동거 등 다양한 형태의 연인 관계가 생겨나는 흐름은 그런 면에서 바람직하다. 그런 본인이나 상대의 성향을 비판하기보다는 있는 그대로 존중하는 것이 서로에게 더 잘 맞는 라이프스타일을 결정할 수 있도록 도와줄 것이다.

서로의 부모님과 잘 지내야 한다는 부분은 연애와 결혼의 가장 큰 차이다. 우리나라의 경우, 농경시대의 필요와 유교 사회의 규율이 묘하게 맞물리며 만들어져 온 아들과 며느리의 의무가, 부부의 연을 맺은 남녀에게 가족에 대한 과중한 책임으로 자리 잡았다.

결혼 후 가족관계와 육아에서 필요한 돌봄에 대한 부담은 여전히 여성에게 편중되어 있다. 여성이 커리어를 통한 자아실현을 꿈꾸는 경우, 결혼의 포기로 이어지는 일이 많다. 경제적 불안정이 계속되면서 남성들이 결혼 후 짊어져야 할 경제적 부담을 기피하는 경향도 강해졌다. 이런 이유로 평생 결혼하지 않겠다는 비혼주의를 선언하는 사람들이 늘어나고 있다.

전통적인 결혼의 틀을 깨는 관계를 보다: 쥬디 아줌마의 남자친구

내 세대보다 개인적인 가치를 더욱 중요시하는 앞으로의 세대가 만들어갈 결혼은 더 크게 변화될 것이다.

내가 전통적인 결혼의 틀을 깨는 관계를 가까이에서 지켜본 건 캐나다에서 어학연수를 하던 시절 나의 호스트맘이었던 쥬디 아줌마와 그 남자친구 게리 아저씨를 통해서였다.

쥬디 아줌마는 간호사로 50대 후반에 대학생인 두 딸을 키우고 있는 분이었다. 간호사를 하면서 나와 중국인 룸메이트에게 숙식을 제공하는 일도 병행하셨다. 내가 캐나다에 도착해서 그 집에 들어온 첫날, 아줌마는 나에게 자신의 '남자친구'에 대해서 조심스럽게 말했다.

주말이면 'My boy friend'인 게리가 올 텐데 화가이고 유쾌한 사람이니 염려하지 말라는 것이었다. 나는 우리 엄마와 그다지 달라 보이지 않던 쥬디 아줌마의 입에서 '보이프렌드'라는 단어가 나왔을 때 문화적 충격을 받았다.

'뭐? 아줌마에게 보이프렌드가 있다고?'

알고 보니 쥬디 아줌마의 전남편은 알코올 중독에 폭력성이 있었다. 아줌마는 본인과 두 딸을 위해 이혼을 감행하고 남편과의 관계를 단절해야만 했다. 오랜 시간 후 친구의 소개로 서로 아무 정보 없이 만나보는 블라인드 데이트 (Blind date)를 통해 게리 아저씨를 만났고, 서로 호감을 느꼈다. 둘 다 이제 와서 결혼이라는 것에 얽매이고 싶지 않아서 서로 평생을 남자친구, 여자친구로 지내기로 했다는 것이다.

쥬디 아줌마는 주중에는 우리와 살며 일하고 주말에는 게리 아저씨와 시간을 보내며 행복한 일상을 보냈다. 쥬디 아줌마의 딸들도 게리 아저씨를 좋아하고 다 같이 편안하게 어울렸다. 그렇게 연애하는 아줌마와 게리 아저씨의 파트너십과 두 딸과의 관계가 안정적이면서도 자유로워 보였다.

두 사람의 관계는 애정에 있어서 다른 관계를 허용하지 않는 일대일 배타적 관계를 맺고 서로를 돌봐주는 면에서는 부부 관계와 같았지만, 주된 거주 공간과 경제생활은 각자 독립되어 있다는 면에서는 기존 부부 관계와 달랐다.

사회적으로 결혼과 가족관계는 급격한 변화를 겪고 있다. 이제 결혼 후 맺는 가족관계도 각 부부가 두 사람에게 가장 잘 맞는 형태의 삶을 구축해서 살아갈 수 있도록 부부 별로 조정 가능한 형태가 되어야 한다.

결혼은 오랫동안 이어져 온 사회적 제도이지만 문화적으로 한계에 봉착했다. 자신이 원하는 인생을 살아가는 데 방해가 된다고 여겨져 상당수의 사람이 결혼을 거부하는 지경에 이르렀으므로, 결혼제도에는 변화가 필요하다.

유럽이나 미국에서는 제도적으로 동거 커플과 같은 사실혼 관계의 연인들을 결혼한 연인들과 동등하게 법적 지위를 주며 보호하고 있다. 우리나라에도 각 커플의 가치관과 라이프스타일에 맞는 다양한 대안의 결혼 형태가 출연하고 사회적으로 받아들여지기를 기대해본다.

17

법적으로 규정된 부부의 5대 의무 (동거, 경제적 부양, 협조, 일부일처제, 부모님과 잘 지내야 함)를 생각해봅시다. 이 의무들이 모두 합당하다고 생각되나요?

이 중 내가 결혼해서 다르게 하고 싶은 부분이 있다면 무엇인가요? 커플로서 두 사람만의 가치관을 반영하는 부부관계의 새로운 규칙도 만들어봅시다.

이성적 합의 이전에 존재하는 것들:
무의식이 연애에 미치는 영향

어느 커플이든 관계가 충분히 깊어졌다면, 서로에게 더 솔직해지며 부딪히는 부분이 생기기 마련이다. 이렇게 커플이 서로 부딪혀 싸움을 일으키는 부분은 크고 중대한 문제라기보다는 설명하기 어려운 매우 사소한 부분들이다.

이전 남자친구와 나는 정치적인 성향이 달랐다. 학생 시절 둘 다 한창 사회를 배워가던 시기였고 정치적인 이슈가 생기면 대화하고는 했는데, 대화 끝에 꼭 찜찜한 앙금이 남았다. '경제적으로 안 좋은 상황은 다 본인이 초래한 것'이라는 말에 발끈 화가 나고, 그 후에도 '이 사람이 이런 비인간적인 사람이었나?' 하는 생각이 계속 맴도는 것이었다.

입맛, 혹은 식습관과 다른 일상적인 생활 습관 부분은 무의식적으로 매일 반복하는 패턴이다. 그런 만큼 나와 상대방의 패턴이 다른 경우, 맞추어 주기가 매우 어렵다. 내가 가진 하루의 수면 패턴, 식습관, 활동량, 말투 등 의식하지 않고 행하는 것들에 대해서 상대방이 불편해하기 시작하면 짜증이 난다.

우리는 연애를 시작할 때 상대의 매력에 빠져서 이런 소소하지만 뿌리가 깊은 차이를 종종 간과하곤 한다. 하지만, 이런 차이는 사실상 극복하기가 가장 어려운 차이들에 속한다. 그 이유는 이런 것들은 의식이 아닌 무의식이 관장하고 있는 영역이기 때문이다.

프로이트가 말하는 무의식

심리학에서 말하는 무의식은 두 가지로 나눠서 얘기할 수 있다. 첫 번째는 프로이트가 말하는 억압된 욕망으로서의 무의식이다. 그는 다음에 나오는 그림과 같이 우리의 마음을 의식과 무의식, 그 사이의 단계로 나누고, 마음의 구조를 바다 위에 떠 있는 빙산에 비유했다.

프로이트는 정신 분석 상담을 하면서 마음이 아픈 사람들의 내면에 우리가 현실적으로 이룰 수 없어 마음 깊은 곳에 억압한 원초적 욕망이 있는 것을 보게 되었다.

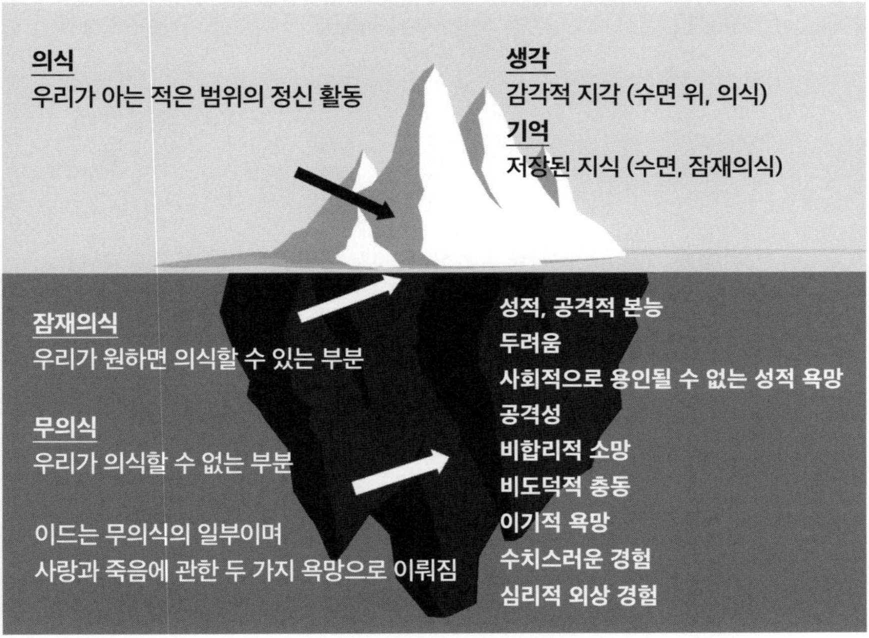

의식
우리가 아는 적은 범위의 정신 활동

생각
감각적 지각 (수면 위, 의식)
기억
저장된 지식 (수면, 잠재의식)

잠재의식
우리가 원하면 의식할 수 있는 부분

무의식
우리가 의식할 수 없는 부분

이드는 무의식의 일부이며
사랑과 죽음에 관한 두 가지 욕망으로 이뤄짐

성적, 공격적 본능
두려움
사회적으로 용인될 수 없는 성적 욕망
공격성
비합리적 소망
비도덕적 충동
이기적 욕망
수치스러운 경험
심리적 외상 경험

[그림 8] 프로이트가 설명한 무의식의 구조
(출처: http://www.simplypsychology.org/Sigmund-Freud.html)

그가 맞닥뜨린 원초적 욕망들은 주로 어머니 등 금지된 대상에 대한 성욕이나, 자신과 상대에 대한 파괴적 욕망, 죽음 등에 대한 극렬한 두려움인 경우가 많았다.

그러한 것들은 그대로 드러났을 때 패륜이나 범죄로 이어질 수 있기에 형태를 바꾸어 신경쇠약, 환청 등 억눌리고 왜곡된 형태의 정신적 문제로 나타난다는 것이다.

빙산의 겉으로 드러난 부분보다 물속에 가라앉은 부분이 더 크 듯이, 우리 마음에도 의식적으로 드러나지 않는 부분이 갖는 비 중과 영향력이 더 강력하다는 것을 드러낸 것이다.

현대의 심리학에서는 무의식을 '자동화된 사고 과정'으로 본다. 예를 들면, 어떤 사람이 실수로 핸드폰을 떨어뜨려 액정이 망가 졌다. 거의 반사적으로 그의 마음에 '내가 그렇지 뭐'라는 생각이 떠오른다. 자동화된 사고가 무서운 이유는 자기도 모르게 즉각적 으로 그 생각이 떠오르고 끊임없이 반복된다는 데 있다.

반복을 멈추려면 생각이 반복된다는 것을 의식적으로 깨닫고 그 생각과 공존할 수 없는 '나는 충분히 능력 있어'와 같은 대안적 생각을 주입해야 한다.

우리의 마음이 이런 식으로 자동화를 실천하는 이유는, 매일 반복되는 일에 쓰이는 에너지를 아껴서 새로운 상황에 대처하는 데 사용하기 위해서다. 우리는 매일 오가는 출퇴근 시간에 집을 찾아가는 과정에서 특별한 주의를 기울이지 않아도 집을 잘 찾아 간다.

그런데, 어느 날 오래 살던 집을 떠나 다른 지역으로 이사를 했다면 가는 길을 검색하고, 계속 주의를 기울여야만 찾아갈 수 있다. 이렇게 아무 노력을 기울이지 않아도 자연스럽게 반복하는 생각이나 행동 패턴이 바로 무의식이고, 사실 우리의 삶 중 90% 정도는 이런 무의식에 통제되고 있다.

집을 찾는 일뿐 아니라 반복적으로 나누는 생각이나 가치관, 습관 등은 나의 의식 안에서 공고하게 자리 잡아서 다른 관련된 판단이나 행동을 하는 기준으로 작용한다.

그래서 공고해진 정치적 성향, 당연하게 계속 봐왔던 성역할, 계속 지녀왔던 종교적 믿음은 의식 위에 떠오르지 않고 무의식으로 처리가 되는 것이다.

나의 사랑하는 사람과 무의식적 처리영역에서 갈등이 있을 때는 세 가지 이유로 그 갈등을 담담히 풀어나가기가 어렵다.

첫째, 그 갈등을 언어화하는 것 자체가 힘든 일이다.

자동화된 사고나 오랜 믿음은 우리가 언어적으로 습득하고, 논쟁해서 얻어진 것이 아니라 계속 생활하면서 나도 모르게 스며든 경우가 많다.

상대방이 그것 자체에 대해서 반론을 제기하면 막연히 그건 내 생각과 다르다는 느낌이 들 뿐, 어떤 부분이 어떻게 다른지, 다르게 생각하는 이유가 무엇인지를 언어로써 표현하는 것은 어려운 일이다. 애를 쓰면 언어화할 수는 있겠지만, 이 과정은 자동화의 흐름을 거슬러야 가능하기 때문에 꽤나 피곤한 일이다.

둘째, 무의식적 영역들은 어떤 사고나 행동의 기반이 되는 가정들인 경우가 많아서, 그것이 흔들리면 영향 받는 영역이 광범위해지기 때문에 감당하기가 어렵다고 느끼게 된다.

예를 들어 남자와 여자의 역할에 대한 고정관념의 경우, 나는 남녀의 역할이 고정된 것이 아니라 개인 성향에 따라 더 잘하는 일이 있을 수 있고, 성향을 떠나 상황에 따라서 필요하다면 커플 중 둘 다 할 수 있어야 한다고 생각한다.

이러한 고정관념은 자신의 직업을 갖고 유지하려는 노력, 경제적인 책임감, 생활에 대한 만족감, 상대에 대한 기대감과 더불어 일상생활에 전반적인 영향을 미친다.

사랑하는 사람이 원해서, 그리고 그 원하는 이유가 본인이 생각했을 때에도 타당하다고 여겨져서 그 뿌리를 바꾸고 싶어도, 그러려면 나의 전반적인 생활양식을 모두 바꿔야 하기 때문에 크나 큰 혼란이 오고 길을 잃게 되는 것이다.

셋째, 무의식적으로 가진 관념의 경우 무엇이 옳고, 그르다는 절대적인 기준이 없는 경우가 많다. 커플 간 정치적 성향이 서로 다른 경우, 그것은 정해진 사안의 해결책을 구하는 데 있어서 중요하게 여겨지는 '자유'와 '정의'의 가치 중에서 어느 쪽에 좀 더 비중을 싣는가의 기준일 뿐이다.

더욱이 자유와 정의 둘 중에 하나를 포기하거나, 둘 다 얻는 것이 궁극적으로 불가능한 것도 아니다. 그래서 논쟁에 딱 부러진 결론이 나오지 않고, 계속 돌고 돌게 된다.

문제는, 그러는 동안 논쟁 안에서 나온 사소한 표현으로 인해 마음의 스크래치가 생긴다는 부분이다.

지금 커플 관계에서 사소하지만 계속 나를 거슬리게 하는 것이 있는지 생각해보자. 그런 부분이 전혀 없는 관계는 세상에 없지만 정도의 차이는 있는 법이다. 나와 다른 상대의 자동화된 사고, 관념, 믿음으로 인해서 힘이 든다면, 그 부분을 서로 포용해줄 수 있는지 생각해봐야 한다.

포용해주기로 결심했다면 그 영역은 일종의 성역과 같이 서로 존중하고 건드리지 않는 영역으로 선포해야 할 필요가 있다. 우리가 DMZ(비무장지대)에 있는 지뢰밭에 경고 표지를 하고 서로 보호하기 위해서 들어가지 않는 것처럼, 그 영역에 대한 차이는 바꾸려 하지 말고 받아들여 주는 것이 관계에 좋다.

서로의 차이가 바꿀 수 없는 지점인지, 바꿀 수 있는 지점인지에 대해 알아가는 과정은 중요하다. 이에 대해 서로 충분히 의식화하려는 노력도 필요하다.

그러나, 그 지점이 바꿀 수 없는 뿌리 깊은 무의식에서 나온다는 것을 서로 느꼈다면, 의미 없는 싸움을 반복하지 않기를 바란다.

그 뿌리가 무의식에 있다고 해도 생활의 어느 지점까지 뻗어 나오는지, 그 지점들을 내가 견딜 수 있는지 판단해보는 것 또한 중요하다.

나의 경우, 앞서 얘기한 남자친구와는 다른 이유로 이별했지만, 그 이후로는 아예 정치에 관심이 없는 사람을 만나거나 비슷한 성향의 사람을 만나게 되었다.

정치적인 차이는 중요하지 않다고 생각했던 내 친구는 어느 날,

자신의 친구 무리와 남편의 친구 무리가 너무 다르다는 것을 느꼈고, 남편이 친구를 지위나 능력 등으로 고르는 데 아무런 거리낌이 없음에 환멸을 느꼈다고 털어놓았다.

분명 절대적으로 무엇이 옳고 그른가의 문제는 아니지만 이성적으로 처리되지 않고, 싫다는 느낌이 드는 선택을 계속해나가는 사람과 오래 함께하기는 어렵다. 내가 가진 의식과 무의식적 영역에 대한 분별이 연애에 있어서 중요한 이유다.

헤어질 수 없는 사람이 있어
Feat. 사랑은 식어가는 게 아니고 익어
가는 것이다

결혼식 날 주례 선생님의 요청으로 서로를 위해 쓴 편지를 읽었다.

"자기야, 자기를 향한 나의 사랑이 부족할 때가 많았는데 자기를 만나게 되어서 참 감사해."

그가 편지의 첫 줄을 읽었는데 내 눈에서는 폭포수같이 눈물이 쏟아졌다. 식장 도우미분들이 화장 지워지니 울면 안 된다고 했지만, 도저히 눈물이 멈추지 않았다.

사정을 모르는 사람들은 내가 너무 감동해서 운다며 따라 울었지만, 사실은 결혼식 직후 다가오는 헤어짐이 너무 가슴 아파서 흘린 눈물이었다.

때는 2008년, 그해 여름은 미국에서의 유학 생활이 막 시작되던 시점이었다. 낯선 땅에서 한국이 그리웠던 나는, 설레는 마음으로 초록이 무성한 공원에서 열리는 한인학생회 피크닉에 나갔다.

그날 넓은 잔디밭에는 잡채, 갈비, 김밥 등 맛있는 한식이 뷔페로 차려져 있었고, 한국 사람들이 삼삼오오 모여서 정답게 얘기를 나누며 식사를 했다.

"너희들 같은 신입생이니까 친하게 지내. 연락처도 주고받고."

그를 처음 만난 건, 차로 공원까지 태워다준 선배가 소개해준 자리에서였다. 수줍게 웃는 그의 첫인상은 착하면서 조금 소심해 보였다.

집으로 오는 길, 차가 없었던 우리는 차를 얻어 타며 얘기할 기회가 생겼다. 그도 나처럼 대학원 기숙사에 사는데, 내 바로 건너편 동이라고 했다. 그 후로 오다가다 마주칠 일이 있을 때면 왠지 심심해 보이고 편안한 느낌이었던 그에게 내가 먼저 다가가 인사를 건넸다.

"오빠, 안녕하세요? 거기서 뭐 해요?"
"응, 난 그냥 있어. 넌 어디가?"

나를 보면 배시시 수줍게 웃는 그의 웃음이 좋아서 싸이월드(개인 미니 홈페이지) 친구 이름을 '미소 천사 오빠'로 저장했다. 그러다 어느 날부터인가 저녁 시간이 되면 그에게서 전화가 오기 시작했다. 매일 저녁을 먹고 수업 과제를 하는 8시쯤이 되면 어김

없이 그에게 전화가 왔다. 나는 식곤증이 밀려오기도 하는 타이밍에 오는 그의 전화가 반가웠다.

"오늘 어땠어? 공부는 잘돼?"

둘이 얘기하다가 화제가 끊기기도 하고 침묵이 이어질 때도 종종 있었지만, 그는 마치 오래 알았던 사람처럼 편안했다.

할 게 많은 날이면 "나 공부해야 하는데, 할 말 없으면 끊어~"하고 끊을 수도 있는 사람이었다. 서로 유학생이라 공부할 건 많고 시간은 부족한 사정을 너무 잘 알기에 섭섭해 하지도 않고 "어, 알았어. 공부 열심히 해~"라며 받아주었고, 나의 이런저런 생각들을 거르지 않고 그냥 솔직하게 다 말해도 잘 들어주었다.

학교 일정이 끝나고 기숙사 골목에 들어오다가 서로 마주칠 때도 종종 있었다. 반갑게 얘기하다가 기숙사 앞에 다 와서도 아쉬운 마음에 서로 번갈아 가며 "답답한데 한 바퀴만 더 돌고 갈까?"라는 핑계 아닌 핑계로 한 바퀴 더, 또 한 바퀴 더 돌며 볼 것도 없는 대학원생 기숙사 주변을 빙빙 돌면서 얘기를 나눴다.

그와 헤어질 때쯤엔 그가 종종 룸메이트와 마트에 갔다가 사 왔다며 주머니에 숨겨두었던 과자를 꺼내 건네주곤 했다. 그가 주는 달달한 초코 스틱과자, 롤 웨하스 등을 받아와서 오독오독 씹어 먹노라면 기분이 좋아졌다.

　나중에 그의 가족을 만났을 때 그 얘기를 했더니 가족들은 매우 놀라며 농담 반 진담 반 이렇게 반응했다.

"뭐? 너에게 과자를 줬다고? 그건 걔가 세상에서 가장 아끼는 걸 준 거야. 거의 자신의 모든 걸 준 거라고 볼 수 있지."

　그렇게 두 달 정도가 지났을 무렵, 또 저녁 8시에 전화가 왔다. 이제 일상이 되어 그런가 보다 하고 당연하게 전화를 받은 내게 그가 물었다.

"내가 너에게 매일 전화하는 거 알고 있어?"
"응. 알지."
"내가 왜 매일 전화하는 거 같아?"
"어? 글쎄…?"
"내가 왜 그랬는지, 한번 잘 생각해봐."

　전화를 끊고 나서부터 갑자기 가슴이 두근거리기 시작했다. 그

헤어질 수 없는 사람이 있어 Feat. 사랑은 식어가는 게 아니고 익어가는 것이다

는 나를 좋아하는 것일까? 갑자기 훅 들어온 그의 질문이 나를 흔들었다.

그 주 주말 오후, 그는 노란 장미 꽃다발에 초콜릿 과자와 함께 카드를 써서 내게 건넸다.

카드에는, 널 처음 봤을 때부터 특별한 느낌이었고, 지금까지 우리가 길에서 자주 마주쳤던 건 순전히 우연이었던 게 아니라 자신이 일부러 노력한 결과였다고 했다. 그리고 끝에는 내가 좋다고 한다면 우리는 그달 말부터 사귀게 될 거라고 쓰여 있었다.

난 카드를 읽으며 웃음이 나왔다.

그가 말한 그달 말쯤이 되어 이제 우리가 지나가는 자리가 코스처럼 잡힌 대학원 기숙사 주변을 빙빙 돌다가 내가 그에게 슬그머니 말했다.

"손잡으면 안 돼?"

"왜? 그렇게 내 손이 잡고 싶어?"

웃으면서 고개를 끄덕이고 그의 손을 잡아서 그의 후드 잠바 주머니에 넣었다. 그렇게 그와 나는 사귀게 되었다.

다만, 분명 그가 좋았지만 하나 걸리는 게 있었다. 나는 그때 교회를 열심히 다니고 리더로 활동하고 있었는데, 그는 무교였다는 점이었다. 혼자 고민도 하고 주변에 묻기도 했지만 잘 만날 수 있다는 사람도 있었고, 결국에는 잘 안될 거라는 사람도 있었다.

결국 많은 고민 끝에 마음에 계속 갈등이 되어, 잠시 생각할 시간을 갖자고 말했다. 나에게는 믿음이 중요하다고 하자 그는 알았다고 했고 그 이후로 우리는 일체의 연락도 하지 않았다.

그와 연락하지 않고 지내는 동안 나에게 이상한 일이 일어났다. 핸드폰을 잘 보지 않던 내가 거의 10초에 한 번씩 핸드폰을 확인하고 있었다. 공부에 너무 집중도 안 되고 그에게 아무 연락도 오지 않는 게 계속 신경 쓰였다. 일부러 눈에 띄지 않도록 책상 서랍 깊숙한 곳에 핸드폰을 넣어 놓기도 하고 생각을 바꿔 다시 꺼두기도 했지만 너무 괴로웠다.

누구를 사귀었다가 헤어짐의 고비를 넘길 때도 무너지지 않고 내 페이스를 잘 유지하던 나였는데 너무 당황스러웠다. 그렇게 오래 알았던 사람도 아니고 우리 사이에 그동안 많은 일이 있었던 것도 아니었다. 그런 그에게 이렇게까지 영향받을 줄은 상상도 하지 못했다. 의식하지 못한 사이에 어느새 내 마음속에서 그의 존재가 이렇게 커져버렸던 것이다.

혼자 고민하고 끙끙대다가 후회하고 싶지 않아서 먼저 그에게 연락했다.

"누구세요?"

전화를 받은 그의 목소리는 냉랭했다. 순간 움츠러드는 마음이 들었었지만, 용기 내어 나라고 말했다.

"왜 전화했어? 난 네 번호 다 지웠는데."

그는 나를 단호하게 끊어내려 하고 있었다. 그 순간, 나는 자존심을 다 버렸다.

"우리 한 번만 만나서 얘기하자."

"왜? 난 할 말 없는데? 우리가 굳이 만날 필요는 없지 않을까?"

그는 거리를 두고 지내자는 내 말에 상처받고 마음의 문을 닫아버린 듯했다. 그런 그에게 나는 매달렸다. 그냥 한 번만 만나자고, 그러고 나면 다시는 이렇게 연락하지 않겠다며 다음 날 저녁 우리가 만날 시간과 장소를 문자로 보냈다.

다음 날, 약속 시간보다 먼저 나온 내가 초조하게 카페에 앉아서 기다리는데 그가 굳은 표정으로 들어왔다. 가만히 앉아 있다가 계속 미안한 표정으로 눈치를 보는 나와 눈이 마주치니까 몇 번 눈을 피했다. 그러다 그가 도저히 참지 못하겠는지 피식 웃었다. 나는 속으로 '살았다!' 싶었다.

그 순간을 놓치지 않고 우리가 연락을 안 하는 동안 마음이 너무 힘들었고, 내가 잘못했다며 아무 조건 없이 다시 만나자고 말했다. 그는 나에게 믿음이 그렇게 중요한 문제라는 것을 몰랐었다고 하면서 자기도 세상에 신이란 게 존재한다는 것을 부정하지는 않는다고 했다.

그렇게 우리의 만남은 다시 이어졌다.

유학 첫 학기는 긴장의 연속이었다. 처음 미국 생활이라 생활에 있어서도 모든 게 서툴렀다. 미국인들이 대부분이었던 우리 과에서 매번 혼자 외국인 학생으로 토론식 수업에 참여하는 일은 항상 나를 긴장하게 했다. 공부했던 분야도 아직 한국에는 널리 연구되지 않았던 건강 심리학이라는 새로운 분야였다.

인체 생리학 분야의 기초지식도 없어 수업이 끝나면 너무 과부하가 와서 머리를 한 대 얻어맞은 듯 힘들었던 첫 학기였다. 그런 와중에 틈틈이 그와 보내는 짧은 시간은 따스한 햇살 같았다. 낯선 미국 땅에서도 그를 만나면 집에 온 것만 같고, 밥을 먹은 것처럼 든든했다.

학기 중에 추수감사절이 되어서 일주일간 휴가가 주어졌다. 우리는 유학을 하던 펜실베이니아에서 가까운 뉴욕으로 여행을 가기로 했다. 가십이 넘쳐나는 유학생 사회에는 우리 사이를 비밀로 하기로 하고, 몰래 짐을 꾸려서 설레는 마음으로 새벽 버스에 올랐다.

그런데 이게 웬일인가. 한인 유학생 피크닉에서 우리를 처음 소개해 줬던 선배가 떡 하니 버스 통로 옆자리에 앉아 있는 게 아닌가. 우리는 의도치 않은 공개 연애를 시작하며, 도착한 뉴욕에서 빌딩 숲을 바라보면서 탄성을 질렀다.

"우와. 스카이라인이 정말 환상이야!!! 저 빌딩 봐!! 저게 바로 그 엠파이어스테이트 빌딩인가 봐!!"

산으로 둘러싸인 펜실베니아 시골 마을에서 온 촌뜨기티를 팍팍 내면서 오랜만에 맡는 도시의 오염된 공기를 흡입했다. 둘 다 평생을 도시에서 나고 자라서 그런지 시골 생활이 심심했고 도시가 그리웠다. 뉴욕 뒷골목의 지독한 하수구 냄새마저 향기롭게 느껴졌다.

게이 커뮤니티가 많아서 여성에게 안전하다는 뉴욕 첼시에 있는 숙소에 짐을 풀었다. 뉴욕의 최남단 스테이트 아일랜드에 있는 자유의 여신상 구경부터 시작해서, 맨해튼 위쪽으로 따라 올라가면서 뉴욕 구석구석을 탐색했다.

저녁에 맨해튼 34번가 한인타운에서 스시 뷔페를 배부르게 먹고, 둘 다 가장 기대하던 엠파이어스테이트 빌딩에 야경을 보러 올라갔다. 빌딩 꼭대기 전망대에는 철조망으로 된 흉물스러운 펜스가 둘러쳐져 있었지만 그 너머로 보이는 야경은 하늘의 은하수보다도 반짝이고 아름다웠다.

별처럼 깔린 야경의 불빛에 빨려 들어갈 거 같았고, 주위를 둘러싼 빌딩 하나하나와 브루클린 브리지가 보석 같이 반짝반짝 영롱하게 빛났다.

둘 다 두 시간 이상을 넋을 놓고 보고 있어도 싫증이 나지 않았다. 밤이 깊어져서 사람들이 다 빠져나가고 전망대에 문 닫을 시

간이 되어 내려가는 엘리베이터를 탔다. 엘리베이터에는 우리 둘
뿐이었다.

"우리 키스할래?"

그렇게 102층을 내려오는 아득한 엘리베이터 안에서 달콤한 첫
키스를 하고 나온 뉴욕 시내는 촉촉한 비에 젖어 있었다. 화려한
네온사인이 반사되어 아스팔트 도로가 무지개색으로 빛이 났다.
우리는 숙소로 가는 길에 빨간 우산을 함께 쓰고, 신호등이 빨간
불이라 멈춰서야 할 때마다 우산 속에서 뽀뽀를 했다. 그렇게 사
랑 넘치는 뉴욕 여행 후, 안정된 마음으로 각자 불태우듯 공부에
매진했고 겨울방학을 맞이했다.

나는 겨울 방학에 혼자 펜실베이니아에 남아 있었다. 큰 결심을
하고 미국에서 유학 생활을 시작한 지 겨우 6개월 만에 한국에 돌
아가고 싶지 않았고, 150만 원이 넘는 비행깃값도 아까웠다. 미
국인들에게 크리스마스는 가장 큰 명절이라 다들 부모님 집으로
향했고, 상점도 모두 문을 닫아 학교와 마을 전체가 텅텅 비었다.
그곳은 적막만이 감돌았다.

설상가상으로 평소와 달리 함박눈이 매일 내려, 눈이 허리 높이 만큼 쌓여서 집 밖에 돌아다니는 것도 거의 불가능했다. 반강제적으로 고립된 상태에서 고요하고 외로운 하루하루를 보냈다.

그는 방학을 하자마자 한국에 간 후 연락이 잘 되지 않았다. 억지로 내가 먼저 건 화상 전화에서도 졸린 듯한 얼굴을 잠깐 볼 수 있을 뿐이었다.

알고 보니 그는 각고의 노력에도 불구하고 첫 학기 한 과목에서 낮은 성적을 받았다. 그의 학과에서는 한 과목이라도 B 이하의 성적을 받으면 장학금이 자동으로 취소되고, 대학원을 그만두어야 했다. 한국에서 학점을 확인한 그는 절망해서 나에게 연락하지 못했던 것이다.

그는 일단 다시 미국으로 와서 방법을 찾기 위해 노력했다. 지푸라기라도 잡는 심정으로 분야가 겹치는 다른 과로 전과를 시도했는데, 마침 그때 대학원생을 구하던 대만계 미국인 교수의 눈에 들어서 원래보다 더 좋은 과로 전과할 수 있게 되었다. 그 기간에 그가 연애 때문에 공부에 집중하지 못했을 수 있다는 자책감과, 그가 떠날지 모른다는 불안감에 시달리던 나는 그가 곁에 남기만을 기도하면서 조금의 방해도 되지 않으려고 노력했다.

극한의 스트레스 상황에서도 우리는 서로 얼굴만 봐도 웃음이 나왔고, 실없는 그의 행동이나 매일 들어가는 기숙사 출입증을 반대 방향으로 긁어대는 내 실수에도 서로 배를 잡고 웃을 수 있었다.

내가 폭우가 쏟아지던 날 교통사고를 당해서 그가 병원에 쫓아오는 일이 생기기도 했고, 함께 하는 날이 계속 이어지면서 서로에게 의지하는 마음은 커져갔다. 낯선 나라에서 가족도 없이, 영어도 익숙하지 않은 외국 학생으로 매일이 도전의 연속이었지만, 서로가 함께 있을 때면 마음 편히 쉴 수 있었다. 우리를 함께 부르는 곳도 많아서 매 주말마다 정 많은 부부의 집이나 친구들의 모임으로 함께 다니며 즐거운 시간을 보냈다.

연애한 지 3년쯤 지나고 겨울방학을 맞이하여 같은 시기에 귀국하게 된 우리는 서로의 가족에게 인사를 드렸다. 둘이 같은 곳에서 유학을 하고 있다는 것을 좋게 보셔서 양쪽 부모님께서 매우 예뻐해 주셨고, 다음에 들어오는 시기를 봐서 한국에서의 결혼식 날짜를 잡자고 하셨다.

그렇게 미국에 함께 돌아온 뒤, 부모님의 허락하에 다니던 교회

에서 간소하게 혼인 서약을 했고, '오크우드 에비뉴 (느티나무 길)'
라는 숲속에 있는 아늑한 아파트로 살림을 합쳐 들어갔다.

그 해 우리는 박사 자격시험을 앞둔 중요한 시기였다. 매일 밤
새벽 3시까지 각자의 방에서 공부했다. 평소 잠이 많은 나는 계
속되는 새벽 공부에 갑자기 피부가 뒤집어지면서 성인 여드름이
나기 시작했다. 48시간 동안 잠도 못 자고 교수들이 출제한 논술
형 시험문제에 답하는데, 뇌와 몸에 도는 피가 마르는 느낌이었
다. 그러나 다행히 46페이지에 달하는 답변을 제출하고 무사히
박사 자격시험을 통과했다.

이제 그의 차례였다. 학과를 옮겨서 공부할 내용이 많기는 했지
만 수업에서도 모두 좋은 학점을 받았고, 대학원생에게 가장 중
요한 논문 실적도 1년 반 만에 좋은 학술지에 3편이나 실은 상태
였다. 박사 자격 결과를 듣고 집에 들어온 그가 나에게 말했다.

"자기야, 나 떨어졌대…."
"뭐? 그게 무슨 말이야?"

머릿속이 하얘지면서 믿어지지가 않았다. 그의 시험은 그의 분

야에 대한 교수들의 난도 높은 질문에 즉석에서 구두로 답변해야
하는 어려운 시험이었다.

"아니 왜? 예상 문제까지 달달 외워갔는데…. 그리고 그 예상
문제가 세 문제 중 두 문제나 나왔는데 도대체 어떻게 떨어질 수
가 있는 거야?"

그의 시험을 감독한 교수는 그의 지도교수를 포함해서 세 명이
었다. 지도교수와 다른 교수는 통과를 시켜주었는데, 나머지 한
명의 교수가 자기는 절대 통과시켜줄 수 없다며 완강하게 버티고
있다는 것이었다.

그 반대하는 교수의 학생을 그의 지도교수가 박사 자격시험
에서 떨어뜨린 전력이 있었고, 그 후로 두 교수는 앙숙 관계였
다. 그는 사소하지만 기초적인 부분에 대한 한 가지 질문에 대해
서 완전히 틀린 답을 하긴 했으나, 그 외의 질문에는 다 맞는 답
을 했다.

그 교수는 그 한 문제를 문제 삼으며 그런 기초를 모르고서는
그가 박사과정을 할 자격이 없다며 강력하게 반대 입장을 고수했

다. 그의 지도교수는 학과에 항의했지만, 둘 사이의 갈등에 끼지 않으려는 나머지 교수들이 둘이서 합의를 보라며 회피하는 상황이 벌어졌다. 그렇게 그의 박사 자격시험 결과는 굳어졌다.

우리는 슬펐다. 하늘이 맑고 푸른 것도 슬펐고, 가을 단풍이 예쁜 것도 슬펐다. 우리 집이 깔끔하게 잘 갖춰지고 안락한 것도 슬펐다. 그냥 다 부정하고 싶었다. 백방으로 다른 과에 옮길 수는 없는지 알아보고, 같은 미국에라도 남아 보자고 다른 학교 박사과정에 원서도 넣어 보았다.

그런데 그 전해에도 혹시나 해서 넣었을 때 붙었던 학교들마저도 모두 떨어졌다.

그가 미국에 남을 수 있는 모든 길이 막히는 것 같았다. 연구를 관리하는 스태프 업무라도 할 수 있는지 알아봤지만, 비자 문제 때문에 불가능했다. 마지막 보루로, 영어 점수를 올려서 다음번에 다시 대학원 시험을 보는 것까지 감안하며 옛날 영어시험 책을 보고 있는 그에게, 나는 말했다.

"자기야, 아무래도 자기는 한국에 가는 게 좋을 거 같아."

남편에게는 화학 실험보다 더 맞는 일이 있을 거 같았다. 심리학자로서 그의 적성을 고려해봤을 때 담담한 성품에 꾸준한 노력형인 그에게는 뜬구름 잡는 실험보다 더 현실적이고, 전문적인 직업이 맞을 거 같았다. 자국민에게만 기회를 집중하고 외국인에게 점점 기회를 차단해가던 미국의 상황도 좋지만은 않아 보였다. 그렇게 그를 보내기로 하고 부모님께 연락해 어렵게 말을 전했다.

"엄마, 아빠, 걱정 많이 되시겠지만 저 결혼은 예정대로 할 거예요."

우리에게는 물리적인 거리가 둘 사이를 변하게 해서는 안 된다는 결심이 확고했다. 부모님께서도 걱정은 되지만 너희의 뜻에 따르겠다고 하셨다. 그렇게 내 예상보다 훨씬 더 슬픈 결혼식이 열린 것이다.

결혼식 전에 만난 친구들에게도 남편의 흉이 될까 봐, 결혼하고 남편은 한국에 남고 나만 떨어져서 미국에 간다는 얘기를 차마 하지 못했다. 남편도 집안 어르신들께 공개하기에는 너무나 불안정한 상황이라서 우리의 불행한 상황은 소수의 가족만이 아는 결혼식이 열리게 되었다.

한국에서의 내 하루하루는 결혼식 준비로 바빴지만, 그는 동시에 한국에서의 전문 대학원 준비로 피가 마르는 하루하루를 보내고 있었다. 하루에 영어 문제집을 한 권씩 해치우더니 일주일에 하나씩 토익, 토플, 텝스의 세 가지 영어점수를 따냈다. 덕분에 함께 공부하던 준비생들 가운데 별명이 '미국인'이 되었다.

그는 미국에서의 결과를 씁쓸해하긴 했지만 한 번도 그를 가혹하게 떨어뜨린 교수나, 적극적으로 대처하지 못한 지도교수를 원망하는 일이 없었다. 그 일의 결과를 온전히 자기 책임으로 받아들이고 대처에만 전념하는 그가 경이로웠다.

결혼식이 끝나고 한국에 남은 그와 헤어져서 혼자 미국 신혼집에 돌아왔다. 다음 날 오후에 갑자기 욕실에 들어갔는데 눈물이 쏟아졌다. 그의 흔적이 집안 곳곳에 남아있고, 함께 웃던 공간에 홀로 남겨져 있으니 그의 빈자리가 사무쳤다.

사람들을 만나기도 힘들었다. 누구에게도 나의 이런 어두운 모습을 들키고 싶지 않았다. 아침에 일어나면 무기력에 휩싸여 손끝 하나 까딱할 수도 없었다. 그런 상태에서 맞닥뜨려야 했던 대학원의 지적 도전들은 더 버겁게 느껴졌다. 나는 결국 엄마에게

헤어질 수 없는 사람이 있어 Feat. 사랑은 식어가는 게 아니고 익어가는 것이다

SOS를 쳤다.

"엄마, 나 이러다 한국에 돌아갈 거 같아. 너무 힘드네."

엄마는 당시 교통사고 후유증으로 허리가 안 좋으신 상태였는데, 두말없이 5일 뒤에 짐을 싸서 미국으로 와주셨다. 옆에 따뜻한 사랑을 품은 누군가가 함께 일상을 나눈다는 것은 강력한 힘을 가진다는 걸 그때 처음 느꼈다. 매일 엄마와 너른 들판을 산책하고, 함께 밥을 먹고, 얘기를 나누면서 마음을 보살폈다.

나와 떨어져 있던 남편은, 우려와 달리 밥도 혼자 잘 먹고 매일 성경을 한 장씩 읽으며 마음을 다스려 독하게 공부한 끝에, 늦은 나이에 목표로 하던 의학 전문 대학원에 입학했다. 매일매일의 치열한 일상을 즐겁게 살아가면서 입학 해, 한 학기도 놓치지 않고 줄곧 장학금을 받아냈다.

나는 지도교수님의 채근 아래 마음을 다잡고 논문을 썼고, 상을 받으며 졸업했다. 가기 힘들다는 포닥(박사후 연구원) 자리도 잡았다. 그 포닥 자리를 잡은 지 2년 후, 한국에 불안정하지만 우리 둘의 생활비를 벌 수 있는 자리를 잡자마자 귀국했다.

나는 그와 사랑하는 과정 속에서 사랑의 본질에 대해 다시 생각하게 됐다. 내가 정리한 사랑은 그랬다. 만날 때의 설렘과 행복도 사랑이지만, 절대로 헤어질 수 없는, 어떤 상황도 우리의 관계를 끊어내지 못하는 것이 사랑의 본질이라고 정리했다.

사람들은 유학 중 그가 처음으로 어려움을 당했을 때, 우리의 사이를 정리하는 게 맞다고 생각했을 수 있다. 그러나 나는 그와 헤어진다는 생각만으로도 상처가 나서, 가죽 밑 속살이 그대로 드러나는 것처럼 마음이 너무 아팠다.
그렇게 마음 아프느니, 그냥 겉으로 힘든 게 나았다. 그 기간 동안은 떨어져 있는 상황을 포함해서, 우리의 관계를 상하게 하는 다양한 힘듦에 적응하기 위해서 나 자신을 변화시켜야 했다.

결혼이 연애의 끝이냐며 사랑에는 분명히 끝이 있는 게 아니냐고 묻는 이들에게 내가 해주고 싶은 말이 있다. 애정 어린 오랜 관계에서의 사랑은, 식어가는 것이 아니라 익어가는 것이다. 아이러니하게도 극렬하게 만나고 싶은 게 사랑이라기보다는 도저히 헤어질 수 없는 게 사랑이다.

사실 그 끝은 아직 알 수 없다. 우리의 하루하루는 행복만 있다

헤어질 수 없는 사람이 있어 Feat. 사랑은 식어가는 게 아니고 익어가는 것이다

기보다 기쁨, 슬픔, 짜증과 분노가 교차한다. 그러나, 매일의 성장이 있고, 깊어지는 이해가 있고, 도저히 다른 사람이 대체할 수 없는 부분이 여전하다.

어려운 상황에 처했던 그를 바라볼 때면 그냥 감싸주고 사랑해주고 싶은 마음이 들었다. 아이를 낳아보고 나니 그 감정은 모성애와도 비슷한 모양이다.

나는 원래 모성애가 많은 스타일은 아니다. 집안의 막내로 받는 것에 익숙한 성향이라 그때까지 느껴보지 못했던 감정이었다. 그런 마음으로 그를 바라보다 보니 별로 바라는 것도 없었다.

지금은 상황이 달라져서 그에게 불만도 많고 바라는 것도 많지만, 그럴 때면 우리의 추운 펜실베이니아에서의 시절을 생각한다. 이제는 매일 내 옆에 있는 그에게 몸으로 부비면서 함께 있음을 느껴본다. 우리의 역사를, 소소한 추억을, 다른 누구도 이해할 수 없는 우리 두 사람이 무사히 건너온 사막을 돌아본다.

Box 9

연애를 하면서 계속 행복할 수 있을까요?

"연애하면서 계속 행복할 수 있을까요?"

연애에 대해 회의적인 사람들, 연애를 잠시 쉬고 있다는 사람들뿐 아니라 현재 연애를 진행하고 있는 사람들까지 모두 공통적으로 자주 물어보는 질문이다.

답을 하자면 그건 인간 감정의 법칙상 불가능하다.

감정에 대한 심리학 연구에 따르면 인간은 같은 관계에서 계속해서 같은 수준의 행복을 느낄 수 있도록 설계되지 않았다. 누구와 연애하든지 연애 중 느끼는 첫 열정이나 황홀한 행복은 차차 사라진다. 우리가 종종 간과하는 부분은 그와 나의 관계가 깊어 갈수록 그 사람이 내 곁에 없을 때 느끼는 괴로움 또한 커진다는 것이다.

연애를 하면서 계속 행복할 수 있을까요?

미국 펜실베이니아대 심리학과 솔로몬 교수의 연구는 우리의 반복되는 일상에서 감정이 어떻게 변화하는지, 그 변화에 따라 우리의 행동은 어떻게 달라지는지를 설명해준다.

반복되는 경험에서 느껴지는 감정의 세 가지 특징

연애를 포함해 사람이 어떤 행동을 계속할지 말지의 여부는 그 사람이 특정 행동을 했을 때 느껴지는 감정에 따라 결정된다. 즉, 사람들은 좋은 감정을 느끼려고, 또는 나쁜 감정을 그만 느끼려고 특정 행동을 하게 된다.

이런 과정에서 경험하게 되는 감정에는 세 가지 특징이 있다.

첫째, 긍정-부정의 축에서 반대되는 감정이 연속적으로 일어난다.
(예: 기쁨 뒤에 공허함, 쾌락 뒤에 고통)
둘째, 그 행동이 반복됨에 따라서 처음에 느꼈던 감정(예: 설렘)은,
감정적 경험에 익숙해지면서 무뎌진다.
셋째, 그 행동을 한 후에 감정적인 혹은 쾌락의 금단증상이 나타난다.

첫 번째 특징인 반대되는 감정이 경험되는 것에 대해서 살펴보자.

반대되는 감정은 우리 심리학자들이 긍정적인 보상이라고 말하는 기분 좋은 자극이 생겼다가 사라질 때 나타난다.

예를 들어, 당신이 사랑에 빠진 연인과 행복한 데이트를 마치고 집으로 돌아간 상황을 생각해보자. 집에서 혼자 있으려니 마음이 허전하고 그 사람이 다시 보고 싶어지는 괴로움이 생겨난다. 애정 관계의 원형이라고 할 수 있는 애착 관계에서 느껴지는 전형적인 감정의 반작용이다.

행복→불행으로 가는 경우

생명체 중 애착을 가장 단순하게 형성하고 그 효과를 볼 수 있는 오리를 예로 들어보자. 새끼 오리를 비롯한 조류는 알에서 깨어나 처음 보는 대상이 어떤 존재이든 그 대상을 엄마로 인식하고 따라다니는 '각인 현상'을 보인다. 심리학자들은 이 실험에서 새끼 오리가 알에서 깨자마자 엄마 오리 인형을 보여주고 엄마 오리 인형을 애착 대상으로 만들었다. 그런 다음 새끼 오리에게 엄마 인형을 1분간 보여주고 안 보이게 감추었다.

새끼 오리는 1분 동안 보여 준 엄마 오리 인형에 흥분해서 다가가며 기뻐하지만, 엄마 오리 인형이 사라지는 순간 큰 소리로 울어대며 스트레스 반응을 보인다. 상당 부분 어린 아이가 엄마가 나타났다 사라졌을 때 보이는 반응과 같다.

이와 같이 애착 관계의 대상이 나타나면 기분 좋아지지만, 이내

연애를 하면서 계속 행복할 수 있을까요?

사라지면 기분이 상하고, 한참이 지나면 없는 상태를 받아들이고 다시 안정되는 과정은, 우리가 사람 사이에 깊이 있는 관계를 맺는 상황에서 동일하게 경험하게 된다.

새끼 오리가 겪은 상황을 우리가 연애하는 경험으로 대체해서 생각해보자.

내 경우, 남편과 한국-미국에 떨어져 롱디 연애를 할 때, 함께 있을 때는 서로 너무 행복했지만, 남편이 한국에 귀국한 다음 날이면 사무치는 허전함과 우울함에 괴로워했다. 한번 그러고 나니 함께 있는 시간에도 '이번에는 간 다음에 얼마나 힘들까?' 하는 생각이 자꾸 들어 그 순간을 즐기지 못했다.

불행→행복으로 가는 경우

새끼 오리 예시는 기분 좋게 하는 자극이 주어졌다가 사라진 상태이고, 이번에는 기분 나쁜 자극이 주어졌다가 사라진 상태를 상상해보자.

자신 없는 시험을 앞두고 엄청난 압박감을 느끼고 있는 상황이다. 시간은 부족하고 내용은 어렵고, 이 시험을 망치면 학점도 낮게 나올 것이다. 그런데 시험 날 의외로 시험이 쉽게 출제됐다면, 시험을 마치고 난 후 당신은 그 후련함에 빈둥거리며 TV를 보는 평범한 일상에도 진한 행복을 느끼게 된다.

동물을 대상으로 한 심리학 실험에서도 이 현상은 확인되었다. 개를 대상으로 한 실험에서 뒷다리에 10초간 전기쇼크를 가하고 심박수의 변화를 측정했다. 심리학의 스트레스 실험 안에서 심박수는 긴장, 분노 등의 부정적 정서를 느낄 때는 빨라지고 만족감이나 안도감 등 이완되는 감정을 느낄 때는 느려진다.

실험 결과, 전기 쇼크가 주어지는 동안에는 개의 긴장 상태를 나타내는 형태로 심박수가 크게 증가했다. 예상과 달랐던 건 쇼크가 끝난 직후 1분간의 변화이다. 처음 20초에는 쇼크 전 상태보다 더 기분 좋았고, 이완된 상태로 심박수가 느려진 다음 원래의 상태로 돌아왔다. 이런 패턴은 사람을 대상으로 동의를 받고 진행한 스트레스 실험에서도 확인되었다.

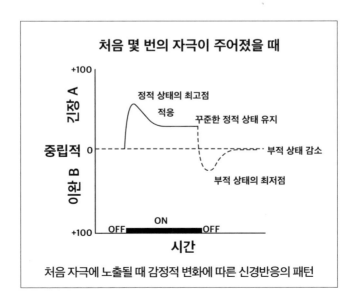

처음 자극에 노출될 때 감정적 변화에 따른 신경반응의 패턴

　　　　　　　연애를 하면서 계속 행복할 수 있을까요?

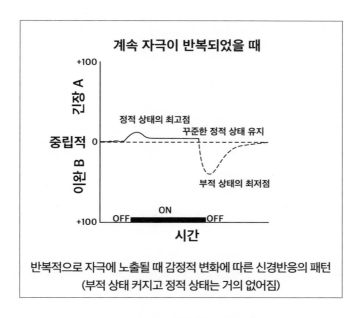

계속 자극이 반복되었을 때

+100

긴장 A

정적 상태의 최고점

꾸준한 정적 상태 유지

중립적 0

부적 상태의 최저점

이완 B

+100   OFF   ON   OFF

시간

반복적으로 자극에 노출될 때 감정적 변화에 따른 신경반응의 패턴
(부적 상태 커지고 정적 상태는 거의 없어짐)

[그림 9] 기분 나쁜 자극이 반복될 때 개의 심박수의 변화
(전기 자극이 반복될수록 심박수가 급격히 빨라지는 반응은 점점 줄어들고,
반작용에 의해 자극이 끝난 후 심박수가 느리게 이완되는 시간이 더 늘어난다.)

우리가 겪는 고통이 끝나면, 묘하게도 그 경험이 끝났다는 안도
감과 함께 환희와 기쁨이 생겨난다. 특히 이 자극이 안도감과 기
분 좋음으로 이어지는 경험은, 우리 체내에서 생성되는 아편과
같은 물질인 엔도르핀이 생겨나는 것과 연결되어 있다. 힘든 일
을 마치고 난 뒤 우리가 느끼는 성취감이나, 에베레스트 등반 등
의 극한 도전을 자발적으로 계속 이어 나가는 사람들의 행동도

같은 원리로 설명된다.

사랑에 있어서 설렘이 사라지는 이유

신기한 것은 이 과정을 반복할수록 자극에 대한 부정적 반응은 약해지는데 반해, 그 반작용으로 인한 안도감에 의한 반응은 더 커지고 오래가는 식으로 바뀐다는 것이다.

앞선 개의 실험에서 전기충격이 뒷발에 반복적으로 주어졌을 때, 개는 전기충격에 익숙해져서 충격을 받아도 심박수가 거의 늘지 않게 되었다. 그러나, 전기충격 이후 심박수가 느려지는 현상은 점점 더 강해졌고 더 길게 지속되었다. 사람을 대상으로 한 반복적 스트레스에 대한 연구에서도 역시 이렇게 초반 감정이 무뎌지고 반작용은 강해지는 현상을 보여주고 있다.

스카이다이빙을 할 때 처음에 뛰어내리기 전에는 엄청난 불안을, 하늘에 있을 때는 공포를 느끼다가 끝난 후 안도감을 느끼게 된다. 스카이다이빙을 정기적으로 계속 반복하게 되면 처음에 느끼던 불안은 점점 줄어들면서, 하늘에 떠올라 있을 때는 스릴을 느끼고, 같이 하는 사람들과 장난을 치는 여유도 생기며, 끝내고 나면 기막힌 환희를 느끼게 된다.

연애를 하면서 계속 행복할 수 있을까요?

예상치 못한 감정의 반작용

앞서 들었던 새끼 오리의 예시에서도 이것이 반복하여 경험하게 되면 어떻게 바뀌게 되는지 정리해보자.

엄마 오리 인형을 잠깐 보여줬다가 갑자기 사라져 버리는 경험을 하는 새끼 오리의 경우, 그 경험이 반복되면 엄마 오리를 봤을 때의 기쁨은 거의 없어지고, 엄마 오리가 갑자기 사라졌을 때의 스트레스가 더 강해지고 길게 간다.

이런 감정의 반작용은 우리가 어떤 행동을 하게 되는 이유를 그 행동이 반복됨에 따라 미묘하게 변화시킨다. 처음에는 좋은 감정을 느끼기 위해서 했던 행동 (예: 설렘을 느끼기 위한 만남)을 싫은 감정을 피하고자 하게 된다 (예: 헤어진 후의 허전함을 피하기 위한 만남).

반대로 처음에 괴로워했던 일을 (예: 스카이다이빙, 마라톤) 나중에는 묘한 쾌감에 끌려 일부러 다시 찾아서 하게 된다. 우리의 연애에 적용해보면 장기간의 연애에서 처음에는 그가 좋아서 만나다가 나중에는 그와 도저히 헤어질 수가 없어서 관계를 지속하게 되는 것이다.

삶을 다채롭게 하는 건 우리에게 이런 감정의 반작용을 경험하게 하는 사건들이 하나가 아니라는 것이다. 삶에는 즐거움과 괴로움을 주는 여러 가지 일들이 동시다발적으로 일어난다. 연애뿐 아니라 직장, 가정, 취미생활 등 삶의 영역이 다양할수록 각기 다른 감정을 주는 일들이 일어나서 그것들이 합쳐져서 때로는 울고, 때로는 웃게 되는 다이내믹한 인생이 된다.

행복이나 사랑이 계산대로 되지 않는 이유

같은 사람이나 일에 대해 느끼는 감정이 부정과 긍정 사이를 오가게 되는 현상이, 우리의 연애에, 더 나아가 삶에 주는 메시지는 무엇일까?

분명한 것은 우리의 행복이나 삶의 결과가 처음의 예측이나 계산대로 되지는 않을 것이라는 사실이다. 내가 즐거움을 느끼려고 누군가를 만나고 사랑했는데 그를 잃을까 봐 괴로워하는 마음이 더 커질 줄 누가 알았겠는가? 또, 내가 괴로워하던 일을 계속 반복하다 보니 거기에서 희열을 느끼게 될 줄 논리적으로 예상했겠는가?

행복을 연구해온 미국 하버드대 다니엘 길버트 교수는 "우리는 행복을 얻어내는 것이 아니라, 우연히 행복에 걸려 비틀거린다."

연애를 하면서 계속 행복할 수 있을까요?

라고 말한다. 우리가 의도적으로 집요하게 노력해서 행복해지기에는 감정의 작용과 반작용의 법칙이 너무 오묘하기 때문이다.

인간을 비롯한 생명 존재의 역설을 경험할 때면 어딘가에 존재할 수도 있는 설계자의 의도가 무엇인지 생각해 본다. 왜 사람의 감정은 이런 식으로 만들어졌을까? 이런 식으로 만들어진 것이 우리의 적응에 더 유리한 점은 무엇일까?

이렇게 같은 대상이나 경험에서 감정적으로 반대되는 경험을 하는 건 결국 내가 한 가지 행동에만 빠져 있지 않도록 돕는 역할을 한다. 그 덕분에 나는 계속해서 나를 둘러싼 사람들과 환경에 긴장감을 유지하고 내 행동을 조정할 수 있게 된다.

만약 우리가 어떤 일을 할 때마다 똑같이 즐거움을 느끼게 된다면 우리는 평생을 반복적으로 그 일만을 하면서 살아가게 될 것이다.

그러나, 어떤 일을 하더라도 감정이 양쪽으로 경험되고, 아무리 좋았던 일이라도 그 효과는 반복할수록 줄어들게 되니, 즐거운 한 가지 일만을 계속 반복하지 않게 된다. 나를 즐겁게 하는 일 자체에 조금씩 변화를 주거나, 다른 새로운 경험에 열린 존재로 살아가게 된다.

우리가 가진 괴로운 상황에 익숙해질 수 있는 능력은 우리가 살아가는 과정에서 피할 수 없는 고통을 견딜 수 있게 하는 강력한 자원이 된다. 감정의 작용과 반작용은 사람이 항상 행복한 감정으로 지내는 데 유리하게 디자인된 존재가 아니라, 험난한 조건과 계속되는 변화 속에서 고통을 인내하며 살아남는 데 유리하게끔 디자인되었음을 알려준다.

이것을 알고 난 뒤 나에게 순간순간 행복한 감정을 느끼게 하는 관계에 그렇게까지 목매지 않게 되었다. 지금, 이 순간은 나를 힘들게 할지라도 내가 가치를 두는 관계로 가꿔나갈 수 있는 여유도 생겼다.

이제는 '오늘 겪는 감정의 작용과 반작용' 때문에 우리 사이가 예전 같지 않다는 이유로 사랑하는 사람과의 관계를 놓지 않고 참을성 있게 가꾸어 나간다.

이다음에 설레는 사람을 새로 만난다고 해도 같은 감정의 작용과 반작용을 겪어나가게 될 것을 나는 알고 있다.

지금의 관계에 처음의 불꽃 같던 열정은 사라졌을지라도 서로 잠시 헤어졌다 다시 만날 때, 또 함께 일상을 이어갈 때의 포근함은 내 마음속에서 전보다 진해졌고 오래갈 것이라 여긴다.

18

감정의 작용과 반작용을 느꼈던 경험이 있었나요? 설렘이 점차 사라

지고 그가 없을 때의 허전함이 커진다면 그건 사랑이 아닌 걸까요?

참고 문헌

1. 사랑에 대한 혁명적 발상의 전환

Knee, C. R. (1998). Implicit theories of relationships: Assessment and prediction of romantic relationship initiation, coping, and longevity. Journal of Personality and Social Psychology, 74(2), 360-370.

[Box 1] 우리는 평생 성장한다: 에릭슨의 평생 발달 이론
도현심, 이희선, 김상희, 최미경, 이사라, 김상원. (2011). 인간발달과 가족. 파주: 교문사.

[Box 2] 첫 눈에 반하는 이유
이부영. (2001). 아니마와 아니무스. 서울: 한길사.

3. 나는 왜 계속 을의 연애를 할까?

김달. (2020). 사랑한다고 상처를 허락하지 말 것. 서울: 비에이블.

Neff, K. D., & Beretvas, S. N. (2013). The role of self-compassion in romantic relationships. Self and Identity, 12(1), 78-98.

[Box 3] 희생이 사랑이라고 생각되는 이유: 부모가 기대는 아이였던 당신에게
Jankowski, P. J., Hooper, L. M., Sandage, S. J., & Hannah, N. J. (2013). Parentification and mental health symptoms: Mediator effects of perceived unfairness and differentiation of self. Journal of Family Therapy, 35(1), 43-65.

Bowlby, J. (2005). A secure base: Clinical applications of attachment theory (Vol. 393). London: Taylor & Francis.

Stanton, S. C. E., Campbell, L., & Pink, J. C. (2017, July 24). Benefits of Positive Relationship Experiences for Avoidantly Attached Individuals. Journal of Personality and Social Psychology, 113(4), 568 – 588. https://doi.org/10.1037/pspi0000098.

[Box 4] 부정적 성격이 존재하는 이유
Taylor, S. E., & Brown, J. D. (1988). Illusion and well-being: a social psychological perspective on mental health. Psychological Bulletin, 103(2), 193–210.

Gale, C. R., Čukić, I., Batty, G.

D., McIntosh, A. M., Weiss, A., & Deary, I. J. (2017). When is higher neuroticism protective against death? Findings from UK Biobank. Psychological Science, 28(9), 1345–1357.

야야 헤룹스트. (2002). 피해의식의 심리학. 서울: 양문.

5. 소시오패스 감별법 참고
※ 소시오패스 월드 웹사이트
http://www.sociopathworld.com/2009/01/do-sociopaths-love.html

[Box 5] 우울한 사람의 연애
Joiner Jr, T. E. (2000). Depression's vicious scree: Self-propagating and erosive processes in depression chronicity. Clinical Psychology: Science and Practice, 7(2), 203–218.

Radloff, L. S. (1977). The CES-D scale: A self-report depression scale for research in the general population. Applied Psychological Measurement, 1(3), 385-401.

이산, 오승택, 류소연, 전진용, 이건석, 이은, 박진영, 이상욱, 최원정. (2016). 한국판 역학연구 우울 척도 개정판(K-CESD-R)의 표준화 연구. 정신신체의학 24(1), 83-93.

Carek, P. J., Laibstain, S. E., & Carek, S. M. (2011). Exercise for the treatment of depression and anxiety. The international Journal of Psychiatry in Medicine, 41(1), 15-28.

Brent, D., Emslie, G., Clarke, G., Wagner, K. D., Asarnow, J. R.,

Keller, M., ... & Zelazny, J. (2008). Switching to another SSRI or to venlafaxine with or without cognitive behavioral therapy for adolescents with SSRI-resistant depression: the TORDIA randomized controlled trial. JAMA, 299(8), 901-913.

제임스 W. 페니베이커 & 존 F. 에반스, 이봉희 옮김. (2014). 표현적 글쓰기, 서울: xbooks

[Box 6] 연인으로 반드시 피해야 하는 사람
Kiecolt-Glaser, J. K., Bane, C., Glaser, R., & Malarkey, W. B. (2003).Love, marriage, and divorce: Newlyweds' stress hormones foreshadow relationshipchanges. Journal of Consulting and Clinical Psychology, 71(1), 176-188.

Kiecolt–Glaser, J. K, Loving, T. J., Stowell, J. R., et al. (2005). Hostile marital interactions, proinflammatory cytokine production, and wound healing. Arch Gen Psychiatry, 62(12), 1377 – 1384. doi:10.1001/archpsyc.62.12.1377

Birditt, K. S., Brown,E., Orbuch, T. L., & McIlvane, J. M. (2010). Marital conflict behaviors and implications for divorce over 16 years. Journal of Marriage and the Family, 72(5), 1188 – 1204. https://doi.org/10.1111/j.1741–3737.2010.00758.x

7. 100분 토론: 비슷한 사람 vs. 정 반대의 두 사람이 더 잘 산다
Van Scheppingen, M. A., Chopik, W. J., Bleidorn, W., & Denissen, J.

J. (2019). Longitudinal actor, partner, and similarity effects of personality on well–being. Journal of Personality and Social Psychology, 117(4), e51.

Gonzaga, G. C., Campos, B., & Bradbury, T. (2007). Similarity, convergence, and relationship satisfaction in dating and married couples. Journal of Personality and Social Psychology, 93(1), 34–48.

Luo, S., & Klohnen, E. C. (2005). Assortative mating and marital quality in newlyweds: a couple–centered approach. Journal of Personality and Social Psychology, 88(2), 304–326.

Watson, D., Klohnen, E. C., Casillas, A., Nus Simms, E., Haig, J., & Berry, D. S. (2004). Match makers and deal breakers: Analyses of assortative mating in newlywed couples. Journal of Personality, 72(5), 1029–1068.

Markey, P. M., & Markey, C. N. (2007). Romantic ideals, romantic obtainment, and relationship experiences: The complementarity of interpersonal traits among romantic partners. Journal of Social and Personal Relationships, 24(4), 517–533.

8. 외모 고민이 된다면

지상현 (2002). 시각 예술과 디자인의 심리학. 서울: 민음사

Diener, E., Wolsic, B., & Fujita, F. (1995). Physical attractiveness and subjective well–being. Journal of Personality and Social Psychology, 69(1), 120.

Feingold, A. (1992). Good–looking people are not what we think. Psychological Bulletin, 111(2), 304–341.

Downs, A. C., & Lyons, P. M. (1991). Natural observations of the links between attractiveness and initial legal judgments. Personality and Social Psychology Bulletin, 17(5), 541–547.

Langlois, J. H., & Roggman, L. A. (1990). Attractive faces are only average. Psychological Science, 1(2), 115–121.

Swami, V., Stieger, S., Haubner, T., Voracek, M., & Furnham, A. (2009). Evaluating the physical attractiveness of oneself and one's romantic partner: Individual and relationship correlates of the love—is—blind bias. Journal of Individual Differences, 30(1), 35—43.

[Box 7] 냄새로 찾는 사랑
Wedekind, C., Seebeck, T., Bettens, F., & Paepke, A. J. (1995). MHC—dependent mate preferences in humans. Proceedings of the Royal Society of London. Series B: Biological Sciences, 260(1359), 245—249.

Kromer, J., Hummel, T., Pietrowski, D., Giani, A. S., Sauter, J., Ehninger, G., ... & Croy, I. (2016). Influence of HLA on human partnership and sexual satisfaction. Scientific Reports, 6(1), 1—6.

9. 고백할까 말까 망설여질 때
Ackerman, J. M., Griskevicius, V., & Li, N. P. (2011). Let's get serious: Communicating commitment in romantic relationships. Journal of Personality and Social Psychology, 100(6), 1079—1094.

10. 거짓말하는 사람과의 치명적인 관계: 바람에 대해 나눠야 할 이야기
에스터 페럴 지음. 김하현 옮김. (2019). 우리가 사랑할 때 이야기하지 않는 것들: 욕망과 결핍, 상처와 치유에 대한 불륜의 심리학, 파주: 웅진 지식하우스.

게르티 셍어. 함미라 옮김. (2009). 불륜의 심리학, 서울: 소담출판사.

Pittman III, F. S., & Wagers, T. P. (2005). The relationship, if any, between marriage and infidelity. Journal of Couple & Relationship Therapy, 4(2-3), 135−148.

[Box 8] 결혼의 의미
※ 국가법령정보센터
'부부간의 의무' https://www.law.go.kr/법령/민법/제826조
'재판상 이혼사유' https://law.go.kr/법령/민법/제840조

엘리 핀켈 저. 허청아, 정삼기 역. 2019. 괜찮은 결혼, 서울: 지식여행

(2014). Conscious and unconscious. In Sherman, J. W., Gawronski, B., & Trope, Y. (Eds.). (2014). Dual-process theories of the social mind. (pp. 35−49). New York: Guilford Publications.

[Box 9] 연애를 하면서 계속 행복할 수 있을까요?
Solomon, R. L. (1980). The opponent-process theory of acquired motivation: the costs of pleasure and the benefits of pain. American Psychologist, 35(8), 691−712.

11. 이성적 합의 이전에 존재하는 것들: 무의식이 연애에 미치는 영향

리처드 윌하임 지음. 이종임 옮김. (1999). 프로이트, 서울: 시공사

Baumeister, R. F., & Bargh, J. A.